영어권에서 안 통하는 우리말 속 일본식 영어

이상한 영어 사전

ⓒ소준섭, 2022

초판 1쇄 2022년 9월 5일 발행

지은이   소준섭
펴낸이   김성실
책임편집 박성훈
제작   한영문화사

펴낸곳 시대의창 등록 제10 - 1756호(1999. 5. 11)
주소   03985 서울시 마포구 연희로 19 - 1
전화   02)335 - 6121   팩스   02)325 - 5607
전자우편 sidaebooks@daum.net
페이스북 www.facebook.com /sidaebooks
트위터   @sidaebooks

ISBN   978 - 89 - 5940 - 789 - 7 (03710)

잘못된 책은 구입하신 곳에서 바꾸어드립니다.

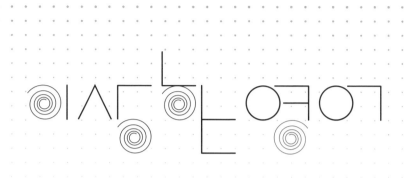

이상한영어

영어권에서 안 통하는 우리말 속 일본식 영어
영어권에서 안 통하는 우리말 속 일본식 영어
영어권에서 안 통하는 우리말 속 일본식 영어
영어권에서 안 통하는 우리말 속 일본식 영어
영어권에서 안 통하는 우리말 속 일본식 영어
영어권에서 안 통하는 우리말 속 일본식 영어
영어권에서 안 통하는 우리말 속 일본식 영어
영어권에서 안 통하는 우리말 속 일본식 영어
영어권에서 안 통하는 우리말 속 일본식 영어
영어권에서 안 통하는 우리말 속 일본식 영어

이상한 영어 사전

소준섭 지음

ㅅㄷ ㅅㄱ

우리가 사용하는 영어는 대부분 일본식 영어다

언젠가부터 우리 사회에 영어 사용이 대단히 많아졌다. TV 프로그램만 봐도 '텐션'을 비롯해 '멘탈', '컬래버', '애프터서비스' 등 끊임없이 쏟아진다. 그런가 하면 언론기사에도 'SNS'와 '메리트', '글로벌 스탠더드', '매너' 같은 영어가 시시각각 등장한다.

그런데 이 '영어'들은 정작 영미권에 없거나 완전히 다른 의미로 사용된다. 대개는 이런 말들을 우리가 '잘못' 만든 '콩글리시'라고 생각한다. 하지만 이 지점에 우리가 모르는 사실이 있다. 바로 '콩글리시'라고 생각한 '영어'가 실은 거의 일본에서 만들어진 말이라는 점이다. 이 말들은 일본에서 잘못 만들어진 이른바 '화제영어和製英語', 고쳐 말하면 '일본식 영어'다.

TV 방송과 언론사는 일본식 영어를 '애용'해왔다. '○○ 챌린지' 행사를 열심히 기획하는 공공기관과 지자체 역시 이를 남발한다. 게다가 '자기 홍보'에 열중하는 정치인을 비롯해 법조계·의료계·경제계의 내로라하는 인사와 대학교수 등 지식인은 말할 것도 없고, 스포츠계·패션계의 유명인사 등 우리 사회 모든 분야에서 일본식 영어를 무분별하게 사용한다.

특히 공공기관을 비롯해 언론·방송과 지식인은 우리 사회의 언어문화를 형성하는 데 막중한 영향력이 있다. 그런데 이들이 외려 거꾸로 앞을 다투어 잘못된 언어를 선도하는 일이 벌어진다. 어이없는 일이 아닐 수 없다.

언어란 사회구성원 간의 약속이자 소통의 기본 요소다. 잘못된 언어는 구성원 간 건강한 소통을 가로막고 왜곡한다. 또 언어란 민족 정체성을 이루는 중요한 구성 요소로 언어의 정체성을 잃으면 곧 민족의 정체성도 잃는다. 이는 당연히 국가의 품격, 국격의 문제와 연결된다.

지금 우리 사회는 '일본식 영어'를 아무런 의식 없이 일상적으로 사용하는 형편이다. 어떤 문제를 해결하기 위해서는 먼저 문제를 인식해야 한다. 이러한 문제의식에 기대어 '일본식 영어'라는 불편한 문제를 감히 책으로 엮어 세상에 선보인다.

이 책이 우리가 잘못 사용하는 언어를 바로잡는 조그마한 계기가 되기를 바랄 뿐이다.

소준섭

목차

ㄹ 생활 용어   53

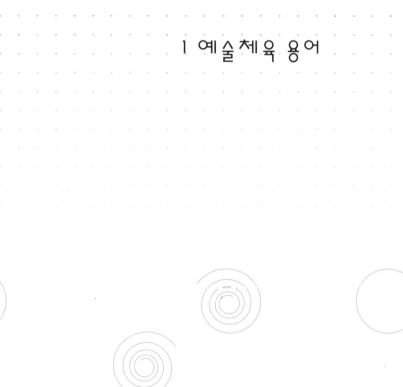

1 예술체육 용어

개그 ギャグ

'개그gag'나 '개그맨gagman'은 너무나 흔하게 사용하는 말이다. 그런데 '개그'는 알고 보면 정말 무시무시한 말이다.

영어 'gag'는 "입에 무엇인가를 집어넣어 말하거나 고함지르지 못하도록 제한하는 것"*을 의미한다. 나아가 아예 "언론과 표현의 자유 행사를 막는 것"**을 뜻한다. 'gag order'가 '보도금지령', '함구령'이라는 뜻이고, 'gag rule'은 의회의 '발언제한규칙'을 의미하는 데에는 이러한 까닭이 있다.

영미권에서 'gag'는 "정부는 언론에 대한 재갈 물리기를 시도하고 있다"***처럼 대부분 부정적인 의미로 사용된다. 우리가 이해하는 'joke'라는 의미의 'gag'는 오직 '비공식 용어'로만 쓰일 뿐이다.

일본 사전에도 'ギャグ(개그)'를 일본식 영어, 화제영어和製漢語로 분류한다. 우리가 쓰는 '아재 개그'와 뜻이 같은 말이 일본에도 있다. 바로 'おやじギャグ(오야지 개그)'다.

본래 '언론 자유에 재갈을 물리다'는 뜻의 'gag'가 우리 사회에서 지금처럼 'joke'라는 뜻으로 쓰이는 모습 자체가 '개그'인 셈이다.

---

*   to restrict use of the mouth of by inserting something into it to prevent speech or outcry.

**   to prevent from exercising freedom of speech or expression.

*** The government is trying to gag the press.

아이돌 アイドル

세계적으로 '케이팝'이 크게 유행하고 있다. '아이돌idol'이라는 말은 우리에게 너무나도 친숙하고 익숙한 용어로 자리 잡았다.

그런데 '아이돌'이라는 말 역시 일본식 영어다. 본래 'idol'이란 말은 '불상 등 숭배되는 우상, 조형물'을 뜻한다. '기도할 때 사용되는 종교적 신앙의 대상'이라는 의미를 지니는 말이다.

단독으로 사용되는 'idol'이라는 단어는 영미권 사람들에게 여전히 그 의미가 정확하게 전달되기 어렵다. 보통 'movie idol', 'my idol', 'teen idol'과 같이 수식하는 말과 함께 사용된다. 'K-pop idol' 역시 자연스러운 영어 표현이다.

'아이돌'이라는 용어는 주로 '아이돌 가수'라는 뜻으로 사용된다. 따라서 'pop idol', 'pop star'라고 해야 의미가 명확히 전달된다.

. 사인 サイン

한편, 유명인사에게 '사인해주세요'라고 말할 때 사용하는 '사인sign' 역시 일본식 영어다.

영어 'sign'은 'sign something', 'sign your name'처럼 '서명하다'는 의미의 동사로 사용된다. 명사 'sign'은 '기호'나 '신호'라는 뜻만 있을 뿐, 우리가 오해하는 '사인'이라는 뜻이 없다.

결국, 우리가 알고 있는 '사인', 즉 '서명'이라는 말은 'signature'라고 해야 올바르다. 다만 유명인사의 '사인'을 받는 경우에는

'autograph'라는 단어가 사용된다.

．브로마이드 ブロマイド

'브로마이드bromide'는 '배우나 가수, 운동선수 등 인기인의 모습을 담은 사진'이라는 의미로 사용된다. 그런데 '브로마이드'는 '브로민화은siver bromide을 감광제로 사용해 만든 인화지'에서 온 말이다. '스타의 사진'이란 의미는 없다.

백댄서 バックダンサー

| "잘 봐, 언니들 무대다" 허니제이→노제, 백댄서 아닌 '댄서'.
| '스트릿 백댄서 파이터'? 누구를 위한 미션인가.

댄서와 가수는 함께 무대를 꾸몄지만, 무대의 주인공은 가수였다. 댄서는 조력자에 불과했다. 그들은 '백댄서 back dancer'라고 불렸다.

〈스트릿 우먼 파이터〉라는 TV 프로그램이 방영되면서 여성 댄서들의 멋진 모습이 소개됐다. 이들에 관한 이야기에는 언제나 '백댄서'라는 용어가 등장했다.

그런데 '백댄서'라는 말도 일본식 영어다. 일본에서 'バックダンサー(백댄서)'라는 말은 "그는 백댄서가 되기 위하여 오디션을 받았다"*처럼 사용된다.

'백댄서'는 'backup dancer' 혹은 'background dancer'라고 해야 정확하다. 가수의 화려한 무대 뒤에서 주인공이 되지 못하고 늘 조력자여야 했던 이들에게 '백댄서'라는 잘못된 명칭을 다시 덧씌워서는 안 될 일이다.

* 彼はバックダンサーになるためのオーディションを受けました.

팬서비스 ファンサービス

| '해치지않아 X 스우파'… 짧아서 아쉬운 '특급 <u>팬서비스</u>'.

'팬서비스fan service'는 연예계나 스포츠 소식을 전하는 언론 기사에서 자주 접할 수 있는 말이다. '운동 경기나 선수, 연극·영화·가요나 인기 연예인 등에 대해 성원을 해준 이들에게 베풀어주는 서비스'라는 뜻으로 사용된다.

영어 'fan service'는 우리가 사용하는 의미와 사뭇 다르다.《어반사전Urban Dictionary》은 'fan service'를 "일반적으로, 팬서비스는 보는 이들을 흥분시키거나 자극을 주기 위한 장면을 의미한다. 여기에는 헐렁한 옷차림, 가슴골 사진, 팬티 샷, 누드 신(특히 샤워 신) 등"*으로 풀이한다. 이렇듯 영어 'fan service'에는 성적 관념이 내포되어 있다.

'팬서비스'도 일본어 'ファンサービス(팬서비스)에서 온 화제영어다. 우리가 사용하는 '팬서비스'라는 의미에는 'meet and greet'가 부합한다. 영미권에서는 "그는 팬을 위해 사인을 해줬다"**처럼 정황을 구체적으로 표현한다.

---

*   In general, fan service refers to scenes designed to excite or titillate the viewer. This can include scantily-clad outfits, cleavage shots, panty shots, nude scenes (shower scenes especially), etc.

**   He signed his autograph for a fan.

화제영어와 화제한어

일본은 자신들이 만들어낸 영미권 언어를 '화제영어和製英語'라고 칭한다.
일본식 영어, 특히 '화제영어'는 이처럼 원어가 지닌 여러 의미 가운데 '사
소한' 의미만 임의로 '선택'해 '주된' 의미로 사용하는 경우가 많다. 바로
여기에 큰 문제가 있다.

영어의 어원을 살펴보면 적지 않은 단어가 라틴어, 그리스어, 프랑스어 등
에 기원을 두고 있다. 용어의 연원이 장구하며 더구나 많은 나라에서 사용
되면서 다양한 의미가 부가되고 결합한 결과, 단어 하나에 여러 의미가 담
겼다.

일본식 영어는 이러한 역사성과 다의성多義性을 무시하고 단어를 자의적으
로 사용함으로써 언어의 의미를 심각하게 왜곡시킬 수 있다.

화제영어와 별도로 근대 시기에 일본이 만들어낸 한자어를 화제한어和製漢
語라고 한다. 화제한어의 조어 방식 역시 한자의 의미와 어법에 따르지 않
고 자의적이다.

예를 들어, '부의附議'라는 말이 있다. 현재 '부의'는 국회에서 '토의에 부
칠 예정인 의안'이라는 의미로 사용된다. 그러나 본래 '附議'라는 한자어는
'다른 사람의 제안에 동의해 함께 공동으로 제안하다'라는 뜻이다. '附(부)'
라는 한자어는 '붙다, 귀부하다, 동의하다'라는 뜻으로 '줏대 없이 남의 의
견에 따라 움직임'을 의미하는 '부화뇌동附和雷同' 같은 단어에서 정확하게
쓰인다.

'토의에 부치다'라는 뜻의 '부의'는 일본이 '부치다'의 '부附'와 '토의'의 '의
議'를 억지로 조합해 만든 화제한어다.

크랭크인 クランクイン

| 유해진, 영화 '도그 데이즈' 출연 확정 … 12월 <u>크랭크인</u>.

'○○ 영화가 마침내 크랭크인한다.' 누구나 많이 접하는 말이다. '크랭크인 crank in'이란 대개 '영화 촬영이 시작된다'는 뜻으로 쓰인다. 그런데 '크랭크인'이라는 말은 어떻게 해서 생겨났을까?

'크랭크인'에서 'crank'란 무성영화 시대에 사용되던 수동식 촬영기의 핸들 부분을 가리키는 용어다. 그 핸들을 돌려 엔진을 '스타트 start'시킨다는 의미로 '크랭크인'이라는 말을 사용했다.

영어에는 '영화 촬영 시작'이라는 의미의 'crank in'이라는 표현이 없다. 이 역시 일본에서 만들어진 일본식 영어이기 때문이다.

일본에서 'クランクイン(크랭크인)'은 "상영을 즐겁게 기다리고 있던 영화가 크랭크인한다는 이야기를 들었습니다"*처럼 사용된다.

'크랭크인'에 부합하는 정확한 영어 표현은 'start shooting'이나 'start filming'이다.

크랭크업 クランクアップ

촬영을 마쳤다는 의미의 '크랭크업 crank up' 역시 일본식 영어다. 올바른 영어 표현은 'finish filming'이다.

---

* 上映を楽しみに待っていた映画がクランクインしたという話を聞いた.

. 프로덕션 プロダクション

'프로덕션production'이란 용어도 많이 보고 듣는 말이다. 주로 방송이나 영화를 제작하는 회사를 가리킨다. 하지만 영어 'production'은 '제조하는 것' 혹은 '생산량'을 뜻한다. '프로덕션'은 'agency'로 바로잡아야 한다.

. 온에어 オンエアー

TV를 보거나 라디오를 듣다 보면, 이따금 '온에서on air'라는 말이 나온다. 그런데 이 말은 정확하지 않은 용어다. 'on the air'라고 해야 옳다.

'온에어'는 'on the air'에서 임의로 'the'를 빼고 만든 일본식 영어다. 일본에서도 'オンエアー(온에어)'는 우리와 동일한 용법과 의미로 사용된다.

'the' 정도는 없어도 되지 않느냐는 반론이 있을 수 있다. 그러나 영어 어법에서 'the'는 중요하다. 'the'가 있고 없고에 따라 의미가 달라지는 경우가 무수히 많다.

영어를 사용하지 않는다면 몰라도 영어를 사용하고자 한다면 영어 어법에 따라야 하지 않을까.

베드신 ベッドシーン

"베드신은 저도 딱히 하고 싶은 생각이 없다. 와이프도 좋아하지 않고 그러다 보니까 자연스레 안 하게 되더라"라고 말했다.

'베드신bed scene'은 '파격 베드신', '19금 베드신' 등 많이 사용되는 말이다. 그런데 이 말은 영미권에서 통하지 않는 일본식 영어다. 올바른 영어 표현은 'a bedroom scene'이다.

베드타운 ベッドタウン

'베드bed'란 말이 나온 김에 '베드'가 들어간 말을 하나 더 말하자면, '베드타운bedtown' 역시 잘못 만들어진 일본식 영어다. '베드타운'은 '도심에서 일을 마친 사람들이 밤에 잠자기 위해 돌아오는 도시 주변의 주택 지역'을 뜻하는 말이다. 이 뜻으로는 'bedroom suburb' 혹은 'bedroom community'가 적합하다.

캐스터 キャスター

'캐스터 caster'란 말이 있다. '캐스터'는 '뉴스캐스터 newscaster'의 줄임말이다. 결론 먼저 얘기하면, 영어 'newscaster'를 'caster'로 줄여 사용할 수 없다. 'caster'는 '의자나 가구에 붙어 있는 바퀴'라는 뜻이기 때문이다.

'캐스터'라는 말도 일본어 'キャスター(캐스터)'를 그대로 수입해온 일본식 영어다.

TV 스포츠 중계에서 진행자를 또한 '캐스터'라 한다. 날씨 소식을 전하는 사람을 뜻하는 '기상캐스터'라는 용어도 있다. 스포츠 방송 '캐스터'는 'sports commentator'이나 'sports reporter'라고 해야 한다. '기상캐스터'는 'weather presenter'가 올바른 표현이다.

영미권에서는 'newscaster' 대신 'anchor'라는 용어를 주로 사용한다.

BGM

　'배경 음악'이라는 뜻의 'BGM'은 'background music'이라는 영어의 앞글자만을 따서 만든 말이다.

　그런데 정작 영미권에서 'BGM'이라고 하면 통하지 않는다. 그런 영어가 없기 때문이다. 'BGM'은 일본에서 임의로 줄여 만든 일본식 영어다. 반드시 'background music'이라고 해야 한다.

・ **백뮤직** バックミュージック

　'백뮤직 back music'도 일본식 영어다. '백뮤직' 역시 'background music'이라고 해야 한다. '백뮤직'도 일본어 'バックミュージック(백뮤직)'에서 왔다.

・ **백브리핑** back briefing

　TV 뉴스에서 '백브리핑'이라는 용어도 자주 등장한다. 하지만 'back brief'라는 영어는 군사 용어로만 특수하게 사용될 뿐이다. 'background briefing'이라고 해야 한다.

　말이 나온 김에 덧붙이자면, 주변에서 '빽이 없어서, 뒷빽이 있었다' 등의 말을 들을 수 있다. '빽'은 '자기를 봐주는 뒷배경'이라는 뜻으로 사용되는 속어다. '빽'은 'back'에서 온 말이다. 'back'이라는 영어에는 '배경'이나 '경력' 같은 뜻이 없다.

매스컴 マスコミ

‘매스컴mass-com’이란 용어는 일반적으로 ‘신문잡지나 TV 라디오 방송 등의 언론 매체’를 뜻한다. 그런데 대다수 사람들이 ‘매스컴’이 잘못 쓰이는 말이라는 사실을 알지 못한다.

‘매스컴’을 영어로 쓰면 ‘mass-com’이다. 하지만 ‘mass-com’이라는 영어는 없다. 물론 영미권에서 통하지 않는 말이다.

그러면, ‘매스컴’이란 말이 어떻게 만들어졌을까. 이 말은 ‘mass communication’에서 ‘mass’와 ‘communication’의 앞부분 ‘com’을 합해 임으로 ‘マスコミ(매스콤)’이라고 조어한 일본식 영어다.

‘매스커뮤니케이션’이란 ‘신문잡지나 TV 라디오 방송 등의 매체를 통해 대중들에게 대량의 정보를 전달한다’는 개념의 용어다. 그러나 일본식 영어 ‘매스컴’은 본래 뜻에서 벗어나 ‘신문잡지나 TV 라디오 방송 등의 언론 매체’라는 의미를 가리킨다.

CF

〈오징어게임〉이 세계적으로 엄청난 성공을 거두었다. 월드 스타가 된 출연자들은 유명세를 입증이라도 하듯 여러 광고 'CF'에 나왔다. 이처럼 '광고 CF'를 비롯해 'CF 대세 스타', '커피 CF' 등 'CF'는 흔히 사용하는 말이다.

그런데 'CF' 역시 일본식 영어다. 'CF'는 'commercial film' 두 단어를 일본에서 앞글자만 따서 만든 말이다. 하지만 영어에서는 줄여서 사용할 수 없다. 'commercial film'이라고 해야 한다.

· 애드벌룬 アドバルーン

한편, 길을 걷다 보면 이따금 공중에 뜬 '애드벌룬ad balloon'을 볼 수 있다. '애드벌룬'은 '비닐 등을 사용한 기구에 광고문자나 마크 등을 표시하여 지면에 전시하거나 공중에 띄우는 광고물'을 말한다.

그러나 이 역시 일본식 영어다. '애드벌룬'은 영어 'advertising balloon'에서 'advertising'을 'ad'로 줄여서 만든 말이다. 임의대로 줄여서 말하기 좋아하는 일본의 언어 관행에 의해 만들어졌다.

'CF'와 마찬가지로 축약해서 사용할 수 없고, 원래 용어대로 정확하게 말해야 한다.

온리원 オンリーワン

| 넘버원보다 온리원이 되자.

   '유일한 사람'이나 '유일무이한 사람' 혹은 '특별한 존재'라는 뜻으로 '온리원only one'이라는 말이 쓰인다. 이 말은 영어에서 온 말처럼 느껴진다. 하지만 '온리원'이라는 이 말은 일본에서 왔다.

   일본의 대표적인 남성 인기그룹 'SMAP'가 부른 〈세계에 하나뿐인 꽃世界に一つだけの花〉의 가사 "넘버원이 되지 않아도 좋고, 원래 특별한 온리원"*에서 비롯한 말이다. 이 노래는 2003년 일본에서 크게 인기를 끌었다. 이 노래가 발표된 뒤 '온리원'이란 말은 유행어가 되어 우리나라에까지 퍼졌다.

   영어 'only one'은 '하나만'이라는 뜻으로 '유일한 사람'이라든가 '특별한 존재'라고 해석될 수 없다. 그러한 의미에는 'unique' 혹은 'one and only' 정도의 표현이 부합된다.

   일본에서 '온리원'이란 말은 "온리원 기업, 온리원 제품"** 등으로 쓰인다. 심지어 "넘버원이란 온리원 중에서 선택하는 것"***처럼 비꼬는 말까지 만들어졌다.

---

*   ナンバーワンにならなくてもいい, もともと特別なオンリーワン.

**   オンリーワン企業, オンリーワンの製品.

***   ナンバーワンとはオンリーワンの中から選ぶもの.

                                        온리원 オンリーワン

- **투샷** ツーショット

아침에 일어나 컴퓨터를 켜니 '류현진, 다정한 투샷'이라는 기사가 보였다. '투샷two shot'은 '두 사람을 함께 찍은 사진'이란 뜻으로 많이 사용되는 말이다.

그런데 '투샷'도 일본식 영어다. 'two shot'은 '총알 두 발' 혹은 '술 두 잔'이란 뜻이다. 영미권에서 무심코 이 말 썼다가는 큰일(?) 날 수 있다.

'두 사람을 찍은 사진'이라는 영어는 'photograph of two people'이라고 구체적으로 표현해야 한다.

골인 ゴールイン

축구 예능 프로그램이 인기다. 그런데 축구 용어에 일본식 영어가 태반인 탓에 이 프로그램들에서도 일본식 영어가 적잖이 들린다.

'골인 goal in'은 축구경기의 꽃이다. 그런데 '골인'은 일본식 영어 'ゴールイン(골인)'을 그대로 받아들인 말이다. 일본에서 'goal'에 'in'을 붙여 만들었다. 'score a goal', 'make a goal'이 올바른 표현이다.

· 백넘버 バックナンバー

'백넘버 back number'란 말 또한 일본식 영어다. 선수가 입은 옷 뒤쪽에 적힌 번호라 하여 'back number'라고 일본에서 자기식대로 만들었다. 사실 이 '이상한 영어'는 '간행물의 지난 호'라는 뜻이다. 속어로는 '시대에 뒤떨어진 사람'을 뜻한다. 올바른 표현은 'uniform number'다.

· PK

'페널티킥 penalty kick'은 'PK'로 줄여서 사용할 수 없다. 'penalty kick'이나 'a penalty'라고 해야 한다. 'PK전'이라는 말도 흔히 쓰지만 이 역시 일본식 영어다. 'penalty shootout'이 정확한 표현이다.

· 멤버 체인지 メンバーチェンジ

선수를 바꾸는 '멤버 체인지 member change' 역시 잘못된 말이다.

'substitution'이 맞다.

- **맨 투 맨** マンツーマン

  '맨투맨 man-to-man'도 서양 사람들이 전혀 알아들을 수 없는 전형적인 일본식 영어다. 'one to one'이라고 해야 한다.

- **투 톱** ツートップ

  '투톱 two top'이라는 말도 자주 나온다. 공격수를 영어로 '톱 top'이라고 표현하지 않는다. '투톱'이라는 말은 일본식 영어다. 'two-forwards'가 올바른 표현이다.

- **포 백** フォーバック

  '포백 four back'은 'back four' 혹은 'four-man defence'가 올바른 표현이다.

- **클 리 어 링** クリアリング

  '수비수들이 공을 밖으로 차내는 행위'를 가리키는 의미로 '클리어 clear' 혹은 '클리어링 clearing'이라는 말도 사용된다. 이 역시 일본식 영어로 'away'가 올바른 용어다.

- **리 프 팅** リフティング

  '축구공을 연속으로 튀기는 기술'을 의미하는 '리프팅 lifting'이란 말도 사용하는데, 'kick-up'이 올바른 영어 표현이다. '볼을 다루는 화려한 기술'을 말할 때는 'ball skill'이라고 한다.

· **힐 킥** ヒールキック

'힐킥heel kick'은 'back heel'이라고 해야 한다.

· **스 루 패 스** スルーパス

'스루패스through pass'는 'through ball'이라 써야 한다.

· **그 라 운 드** グラウンド

'그라운드ground'도 일본식 영어다. 영어 'ground'는 단독으로 거의 사용되지 않는다. 따라서 'playground' 혹은 'field'라고 해야 한다.

· **노 마 크** ノーマーク

스포츠 경기에서 자주 나오는 '노마크nomark' 역시 'ノーマーク(노마크)'라는 일본어를 그대로 받아들인 일본식 영어다. 축구 경기에서는 'unmarked', 농구 경기에서는 'unguarded'라고 해야 한다.

· **원 사 이 드** ワンサイド

'원사이드one side'란 말은 '원사이드 게임one side game'의 준말로 '상대가 되지 않을 정도의 일방적인 대결'이라는 의미다. 그러나 'one side game'은 영어에서는 성립할 수 없는 표현이다. 'one-sided game'이 올바르다.

홈인 ホームイン

프로야구는 많은 사람이 좋아하는 스포츠다. 그런데 우리가 사용하는 야구 용어에 일본이 만들어낸 일본식 영어가 너무 많다.

'홈인home in'은 대표적인 일본식 영어다. 'in'을 붙여 자기식대로 말을 만들어냈다. '홈인'은 'scoring', 'reach(get) home'이 정확한 표현이다. '홈베이스'도 'home plate'라고 해야 한다.

· 펜스 フェンス

야구에서는 '펜스 플레이' 등 '펜스fence'라는 말이 많이 사용된다. 그러나 영어 'fence'는 영미권에서 주로 '울타리'라는 뜻으로 사용되는 단어다. '펜스'라는 말 대신 'wall'이 정확한 표현이다.

· 클린업 트리오 クリーンアップトリオ

'클린업 트리오clean-up trio'도 마찬가지다. 누상에 있는 주자를 모두 불러들인다는 뜻으로 팀 중심 타자인 3, 4, 5번 세 명을 가리킨다. 하지만 잘못된 말이다. 'clean-up'은 미국에서 4번 타자에게 사용한다.

· 스리번트 スリーバント

'스리번트three bunts'란 말도 많이 들린다. 이는 'bunt with two strikes'나 아니면 'two strikes bunt'라고 해야 한다.

- **터치아웃** タッチアウト

'터치아웃 touch out'이 아니라 'tag out'이 올바른 표현이다.

- **패스볼** パスボール

'패스볼 pass ball'이 아니라 'passed ball'이다.

- **스프링캠프** スプリングキャンプ

'스프링캠프 spring camp'가 아니라 'spring training'이 올바르다.

- **사이클히트** サイクルヒット

'바람의 손자' 이정후 선수가 '사이클히트'를 기록했다는 뉴스도 있었다. '사이클히트 cycle hit'는 'hit for the cycle'이 정확한 영어 표현이다.

- **노카운트** ノーカウント

'노카운트 no count' 역시 일본에서 자기식대로 만들어진 말로서 'not count'라고 해야 한다.

이밖에도 야구 용어에는 일본식 영어가 많다. 야구인들의 노력으로 적지 않은 야구 용어가 일본식 영어에서 벗어났다. 하나하나 고쳐가야 한다.

덩크슛 ダンクシュート

| 최악으로 치달을 뻔했던 올스타전 덩크슛 콘테스트.
| '양동근·김선형' 3점슛, 덩크슛 콘테스트 해설 참가.

'덩크슛dunk shoot'은 너무 유명한 말이다. 이 말은 '농구에서 공을 가진 채로 높이 떠올라 손을 길게 뻗어 그대로 바스켓에 넣는 슛'을 가리킨다. 가수 이승환이 부른 〈덩크슛〉이라는 노래도 있다.

그런데 '덩크슛'은 틀린 말이다. 'dunk shoot'이란 영어는 존재하지 않는다. 영어 'shoot'이란 기본적으로 동사다. 따라서 'dunk shoot'처럼 'dunk'에 바로 'shoot'이라는 동사를 연결해 사용할 수 없다. 또 'shoot'은 '공을 쏘다', '공을 발사하다'를 의미하기 때문에 '공을 손에 가진 채로 바스켓에 넣는 행위'는 'shoot'이 될 수 없다. 손에서 공이 떨어져 있지 않기 때문에 슛이 아니다.

'dunk shoot'의 올바른 영어 표현은 'dunk shot(덩크샷)'이다. 'dunk' 한 단어만으로도 충분하다. 그래서 'He dunked the ball'과 같이 사용할 수 있다. 'slam dunk'도 '덩크샷'과 같은 말이다.

'덩크슛'도 일본어 'ダンクシュート(덩크슛)'에서 왔다. 일본에는 《DUNK SHOOTダンクシュート》이란 유명한 농구잡지도 발행된다.

참고로 'dunk'라는 영어 단어는 '빵 등을 물에 담그다'라는 뜻이다. '던킨도너츠Dunkin' Donuts'도 '도너츠를 커피에 담그다'는 말에서 유래된 것으로 알려진다.

스키 スキー

| 돌아온 <u>스키</u> 시즌 … "기능성 장비 구경하세요."
| 美 스키장에 산타클로스가 … '썰매' 대신 '<u>스키</u>' 타고 내려왔어요.

겨울은 '스키의 계절'이다. '스키 ski'라는 말에 문제를 느끼는 사람은 거의 없다. 그런데 '스키'는 잘못 사용되고 있다.

영어 'ski'는 명사로서 '스키판板' 즉 '눈 위를 미끄러지기 위해 신발에 신는 긴 판'을 가리킨다. 동사 'ski'는 '스키를 하다', '스키를 타다'라는 의미다. 우리가 이해하는 의미인 '스키 타기'를 말하려면 'skiing'이라고 해야 옳다.

'스키 경기'라는 말도 '스킹 skiing 경기'라고 해야 맞다. '알파인 스키'나 '크로스컨트리 스키'라는 용어도 '알파인 스킹 alpine skiing', '크로스컨트리 스킹 cross-country skiing'이라고 해야 정확하다. 다만 '스키점프'의 경우에는 'ski jumping'이라 한다.

'스키'라는 말도 일본어 'スキー(스키)'에서 왔다. 일본에서 '스키'는 "스키를 너무 좋아합니다"*, "매일 스키를 합니다!"**처럼 우리와 동일하게 사용된다.

---

*   スキーが大好きなんです.

** 毎日スキーをします!

푸른 바다에서 시원한 바람을 느끼며 요트를 타는 장면은 언제 보아도 멋지다. 요트에 탄 자신을 그리며 야무진 꿈을 꾼다. 그런데 우리가 생각하는 '요트'는 'yacht'가 아니다.

'yacht'는 일반적으로 대형 선실을 갖춘 유람 목적의 호화 선박을 가리킨다. 요트는 17세기에 네덜란드 귀족들의 유람용으로 각광을 받았다. 이후에는 영국 귀족들과 부자들에게 인기를 크게 끌었다. 오랫동안 요트는 사치와 고상함의 상징이었다.

우리가 생각하는 '요트'는 'sailing boat' 혹은 'sailboat'다. 흔히 '요트 경기'라고 말하지만, 올림픽을 보면 '요트' 경기라고 하지 않는다. 이미 그 명칭이 바뀌었다. 국제세일링연맹ISAF 누리집에는 연맹 역사를 이렇게 설명한다.

> 1907년 10월에 세계요트경기 운영 기구가 파리에서 창설되었다. 처음에는 국제요트경기연맹IYRU으로 불리다가 1996년 8월 5일에 국제세일링연맹ISAF으로 명칭이 변경됐다.
>
> The world governing body for the sport of sailing was created in Paris in October 1907. It was initially called the International Yacht Racing Union(IYRU) before the name was changed to the International Sailing Federation(ISAF) on 5 August 1996.

스포츠맨 スポーツマン

| 만능 스포츠맨이기도 한 안길강은 스턴트 경력까지 있어 대역 없이 어지간한 무술 장면을 직접 연기하고 연출하는 배우로도 유명하다.

흔히 '스포츠맨sportman'이라는 말은 '신체 조건이 좋고, 모든 운동을 잘하는 만능 운동선수'라는 뜻으로 사용된다.

그런데 정작 영어 'sportsman'에는 '만능 운동선수' 같은 의미가 없다. 'sportsman'은 '스포츠를 좋아하는 사람' 혹은 '스포츠맨십이 있는 사람' 혹은 '야외 활동을 좋아하는 사람'이라는 뜻이다. 사냥(수렵)이나 낚시, 경마 등까지 포함하는 넓은 개념의 단어다.

따라서 'He is a sportsman' 같은 영어 문장은 그 범주가 너무 광범하고 모호하다. 'He is a good skier'라든가 'He is a golfer'처럼 구체적인 스포츠 종목을 언급해야 한다.

우리가 사용하는 '스포츠맨'의 뜻과 완전히 부합되는 영어 단어는 찾기 어렵다. 하나 꼽으라면 가장 가까운 단어는 'athlete'이다. 다만 이 단어는 대부분의 경우 '전문적인 육상 선수'를 가리킨다.

일본에서도 'スポーツマン(스포츠맨)'이라는 말은 "스포츠 만능인 사람, 만능 선수, 스포츠를 잘하는 사람"을 뜻한다.*

---

*　　スポーツ万能の人. 万能選手. スポーツが得意な人.

헬스센터 ヘルスセンター

'헬스센터 health center'도 잘못 사용되고 있는 일본식 영어다. 미국에서 '헬스센터'는 학교 의무실이나 양호실을 가리킨다. 영국에서는 보건소나 진료소를 지칭한다. 우리가 이해하는 '헬스센터'는 'recreation center'라고 해야 한다.

이미지트레이닝 イメージトレーニング

'이미지트레이닝'도 영어로 하면 'image training'이 될 터이지만, 영어에 이런 표현은 존재하지 않는다. 일본어 'イメージ・トレーニング (이미지 트레이닝)'을 그대로 들여와 우리도 쓰고 있다. 'mental training', 'mental imagery training', 'visualization training'이 정확한 영어 표현이다.

바톤터치 バトンタッチ

'바톤터치 baron touch'도 추억이 담긴 말이다. 초등학교 운동회 때 이어달리기가 떠오르니…. 물론, 지금도 올림픽 등 스포츠를 볼 때면 자주 들을 수 있는 말이다. 동계올림픽 쇼트트랙 경기에서 '바톤터치'하지 않은 중국팀이 결승에 진출하는 이슈가 있었다.

아무튼, '바톤터치' 역시 틀린 말이다. '바통터치'나 '배턴터치'나 모두 틀린 영어다. 'baton pass (배턴 패스)'가 올바른 표현이다.

치어걸 チアガール

운동 경기에서 응원을 담당하는 '치어리더 cheer leader'는 일본식 영어인 '치어걸 cheer girl'로 불린 적이 있었다. 지금은 이 명칭이 사라졌지만, 일각에서는 여전히 이 용어를 사용하기도 한다. '치어걸'이라는 용어는 영미권에서 비속어로만 쓰인다.

. 레저 レジャー

'레저 leisure'라는 말은 '여가를 이용해 하는 오락이나 관광'을 뜻하는 용어로 널리 사용된다. 그런데 영어 'leisure'에는 이러한 의미가 없다. 'leisure'는 단순히 '(일이나 공부 등에서 해방된) 여가라는 개념 혹은 그 상태'라는 뜻이다.

'여가시간'은 'leisure time'으로 표현된다. 하지만 이때에도 '레저'라는 말이 일본식 영어다. 이에 해당하는 영어를 찾기는 어렵지만 'recreation' 정도가 비슷한 의미를 지닌다.

초킹 チョーキング

| 테크닉이 너무 좋다. 더 놀란 거는 비브라토, 초킹이 좋다. 귀가 좋지 않
  으면 하기 힘든 테크닉이다.
| 비주얼 메탈 하드록이었다. 더블 초킹이 백미였다.

기타 연주법에는 '초킹 choking'이 있다. '초킹'이란 기타줄(현)을 밀
어 올려 음정을 변화시키는 연주법이다.

그런데 영어 'choking'에는 기타 연주와 관련한 의미가 전혀 없다.
'choking'과 'choke'는 '목을 조르는 행위'와 '질식시키다'라는 아주
무서운 뜻을 지닌 단어다.

'초킹'은 일본에서 들어온 말이다. 일본에서 'チョーキング(초킹)'은
"기타의 초킹, 초크 업, 초크 다운, 더블 초킹, 초킹 비브라토"* 등 우
리와 동일하게 사용된다.

'초킹'의 올바른 영어는 'bending(벤딩)' 혹은 'bend(벤드)'다.

. 보컬 ボーカル

한편, '보컬 vocal'은 '악기 연주나 춤 담당이 아니라 노래 부르는 사
람 또는 노래 부르는 일'을 가리키는 단어로 '리드보컬'이나 '메인보

---

*　ギターのチョーキング, チョーク・アップ, チョーク・ダウン, ダブル・チョーキン
　グ, チョーキング・ビブラート.

컬'이라는 말과 함께 많이 사용된다.

그런데 '보컬'은 정확한 용어가 아니다. '보컬리스트 vocalist'라고 해야 한다. '보컬'도 일본식 영어다. 일본에서도 'ボーカル(보컬)', 'メインボーカル(메인보컬)', 'リードボーカル(리드보컬)'이라는 말이 사용된다.

하울링 ハウリング

'하울링 howling'이라는 말도 마찬가지다. '하울링'이란 '스피커의 음파가 증폭기나 마이크로폰에 영향을 미쳐 특정 진동수의 울림을 낳는 현상'을 가리키는 말이다. 이 '하울링'도 일본식 영어 'ハウリング(하울링)'에서 왔다. '피드백 feedback'이 올바른 영어 표현이다.

지르박 ジタバグ

'지르박', 혹은 '지루박'이라는 말을 들어봤을 것이다. '지르박'이라는 말은 뭔가 어감이 고루한 느낌이다. 아무튼 '지르박'은 뜻밖에도 일본에서 만들어진 말이다.

'지르박'이 영어라니! 바로 'jitterbug'을 일본인이 약하게 나오는 't'의 발음을 생략하고서 '지르박'이라는 '놀라운' 말을 만들어냈다.

본래 'jitterbug'은 스윙 swing 리듬에 맞추어 추는 사교댄스의 한 종류다. 흑인 춤에서 기원했으며 1930년대 말에서 1940년대 초까지 미국 젊은 층에서 유행해 전 세계로 전파됐다. 활달하고 자유로운 춤이라 '신경질적인 벌레 Jittering Bug'를 비유한 데서 명칭이 유래했다.

애드리브 アドリブ

'애드리브ad lib'는 '대본이나 악보에 없던 대사나 가사 그리고 멜로디를 그 자리에서 즉흥적으로 행하는 연기나 연주'를 뜻하는 말이다. 하지만 대부분은 '방송에서 출연자가 대본에 없는 말을 즉흥적으로 하다' 즉 '즉흥적인 말'이라는 의미로 사용된다.

'애드리브'가 표준어이지만, '애드립'으로 더 많이 사용되고 온라인상에서는 '드립'이란 은어적 표현도 쓰인다.

ㅣ 신동엽은 "어휴 나는 벌써 화장품 맛이 나"라며 그만의 전매특허 애드립을 던졌고 …

ㅣ 이정재는 애드립으로 연기했던 장면 중 새벽을 처음 만난 씬을 가장 기억에 남는 장면으로 꼽으며 …

본래 '애드리브'는 '뜻대로' '자유롭게'라는 의미의 음악·연예계 용어로 라틴어 'ad libitum'의 줄임말이다. 'ad lib'이라는 용어는 영미권에서 별로 사용되지 않는다. 특히 미국에서는 비공식 용어다.

이에 해당하는 말로 영미권에서 일반적으로 사용하는 표현은 'improvise'나 'wing it'이다.

반면 일본에서는 '애드리브'라는 말을 많이 사용한다. 한국 역시 마찬가지다.

클래식 クラシック

| 난 격조 있는 클래식이 좋아.

'클래식 classic'은 우리가 생각하는 '클래식クラシック'이란 말의 의미와 다른 '명작', '걸작', '최고'라는 뜻을 지닌다. 그래서 'classic music'이란 '최고의 음악'이라는 뜻이다. 굳이 'classic music'이라는 말을 고집한다면, 이 말은 베토벤이나 쇼팽·비틀즈 정도의 음악을 지칭하는 개념이 된다.

우리가 생각하는 '대중 음악이 아닌, 고전주의 음악'이라는 뜻의 '클래식 음악'은 'classical music'이라고 해야 비로소 정확하다.

. 오르골 オルゴール

'오르골 orgel'은 소리가 맑고 투명해 아기를 재울 때 자장가로 들려주는 용도로 흔히 쓰인다.

'오르골'은 '오르간'을 뜻하는 네덜란드어 'orgel'을 변형해 만든 일본식 외래어다. 정확한 표현은 'a music box'다.

‘베스트 10’이나 ‘베스트 5’ 등 ‘베스트 ○○’ 식의 말을 자주 접할 수 있다. 그런데 이 표현은 잘못됐다.

‘best 10’에서 ‘best’는 명사이므로 규모를 의미하는 형용사 ‘10’이 명사 앞에서 수식해야 하므로 ‘10 best’라고 써야 한다.

영어에서 매출액 순위라든가 득점·투표수·노래 다운로드 등 구체적 통계에 근거해 만들어진 순위는 ‘top 10’으로 표현된다. ‘best’가 아니라 ‘top’으로 표현하는 이유는 ‘노래의 좋고 나쁜’ 순위가 아니라, ‘통계의 높고 낮은’ 순위를 가리키기 때문이다.

따라서 ‘이번 주 히트곡 베스트 10’의 올바른 영어 표현은 ‘this week’s top 10’이나 ‘the ten best songs of this week’다.

반면 ‘10 best’와 같은 표현 방식의 경우에는 개인의 주관이 개입되거나 전문가의 심사에 근거해 만들어졌을 때 사용된다. 이를테면, ‘명상을 위한 좋은 장소로 선정된 10곳’은 영어로 ‘The 10 best places for reflection’이다.

‘베스트 텐’은 일본에서도 “금주의 베스트 텐, 베스트 텐, 베스트 8”* 등으로 흔히 사용된다.

---

* 今週のベストテン, ベストテン, ベスト 8.

미라 ミイラ

　고대 이집트 피라미드에 있는 '미라mirra'는 어릴 적부터 우리에게 많은 호기심을 불러일으켰던 흥미로운 이야깃거리다. '미라'란 잘 알려진 대로 '썩지 않고 건조되어 원래 상태에 가까운 모습으로 남아 있는 인간이나 동물의 사체'를 말한다.

　그런데 우리가 알고 있는 '미라'는 사실 미라가 아니다. '미라'는 '몰약沒藥'으로 불리는 방부제로, 고대 시대부터 사체를 썩지 않게 하기 위해 사용됐다. 즉, '미라'는 우리가 알고 있는 '미라'에 넣는 방부제다.

　'미라'의 어원은 포루투갈어 'mirra'다. 영어로는 'myrrh'다. 따라서 'myrrh'는 '몰약'이고, 우리가 이제까지 잘못 알고 있던 '미라'의 정확한 영어 단어는 'mummy'다. 우리가 '미라'를 오해한 것은 이 말이 일본어 'ミイラ(미이라)'에서 왔기 때문이다.

| 미이라의 방부제로서 몰약이 사용되고 있는 동안에 건조된 사체를 미이라라고 부르게 되었다.
ミイラの防腐剤として沒薬が使われているうちにいつの間にか乾燥した死体そのものをミイラと呼ぶようになった.

탤런트 タレント

사람들에게 친숙한 '탈렌트' 혹은 '탤런트talent'란 말도 일본식 영어다. 영어 'talent'는 '재능'이라는 뜻이다. 미국에서 우리가 의미하는 '탤런트'에 대응하는 용어는 'TV personality', 'TV star', 'movie star', 'actor', 'actress', 'comedian' 등 분야별로 명칭이 상이하다.

. 로케 ロケ

영화 포스터나 영화 광고를 볼 때 '현지 로케'나 '올 로케' 등 '로케'란 말도 상당히 많이 볼 수 있다. '로케ロケ'라는 말도 일본식 영어다. 'location(로케이션)'이 정확한 표현이다.

. 다큐 ドキュ

'다큐docu'나 '다큐멘트document'라는 말도 마찬가지다. '기록영상' 작품이라는 뜻으로 사용되는 이 말은 일본어 'ドキュ(다큐)'나 'ドキュメント(다큐멘트)'에서 왔다.

영미권에서 'document 프로그램'이라고 말하면 '문서(혹은 서류) 프로그램'이라는 뜻으로 받아들여, 결국 무슨 말인지 알아들을 수 없게 된다. 'documentary film'이 올바른 말이다.

· NG

'NG'란 텔레비전, 영화, 라디오 등에서 'no good'의 약자로 사용되는 용어다. 연출이나 진행 착오로 녹음이나 녹화가 잘못된 것을 의미하는 말로 쓰인다. 한마디로 'NG'는 '방송사고'와 같은 말로 사용되고 있다.

그런데 'NG'라는 영어는 없다. 'NG'란 일본에서 만든 일본식 영어이기 때문이다.

. 노컷 ノーカット

'노컷nocut'은 '노컷 필름'과 같이 많이 쓰이는 말이다. '노컷뉴스'라는 언론도 있다. 그러나 '노컷'이라는 말은 일본어 'ノーカット(노커트)'를 그대로 받아들인 대표적 화제영어다. 영미권에서 당연히 통하지 않는다. 'uncut'이 올바른 영어다.

· AV

'AV'라는 말도 사용된다. 'adult video'를 줄여 쓴 이 말은 영미권에서 통하지 않는다. 영미권에서 'AV'는 'audiovisual(시청각의)'의 줄임말이다. 'エーブイ(AV)'란 말 역시 일본이 자기식대로 만든 일본식 영어일 뿐이다. 'AV'의 정확한 영어는 'porno'나 'pornography'다.

. 해피엔드 ハッピーエンド

'해피엔드happy end'는 'happy ending'이라고 해야 맞다.

우리나라 방송업계는 오랫동안 일본 방송업계를 벤치마킹해왔다. 좋은 말로 해서 벤치마킹이지 사실상 '모방'에 '베끼기'였다. 언론계, 특히 방송업계에서 사용하는 용어들은 대중에게 미치는 영향이

탤런트タレント

엄청나다. 이제까지 우리 사회에서 일본에서 만들어진 '잘못된' 일본식 영어가 널리 퍼지게 된 데에는 방송업계와 언론의 책임이 적지 않다.

물리학은 물리 분야를 연구하는 학문이다. 사회학은 사회를 연구하는 학문이다. 그런데 '과학'은 무엇을 연구하는 학문일까? '과학'의 한자는 '科學'이다. 그렇다면 '과학'이란 '科'를 연구하는 학문이라는 말인가? 도무지 성립되지 않는 말이다.

'사이언스 science'라고 하면 우리는 당연히 자연과학으로서의 '과학'을 떠올린다. 'science'라는 서양 언어를 '과학'이라는 용어로 번역한 것은 바로 일본이다.

동아시아에서 서양 언어는 대부분 근대 초기 일본이 번역했다. 영어 'science'는 '지식'을 의미하는 라틴어 'scientia'에서 유래한 단어다. 기본적으로 '지식'이나 '학문' 혹은 '학술'을 뜻한다. 'science'에 해당하는 독일어 'wissenschaft'에는 '지식'이라는 뜻이 그대로 있다.

가령, 미국에서 석사 학위는 크게 두 범주로 구별된다. 'MS'와 'MA'다. 각각 'Master of Science', 'Master of Arts'의 약칭이다. 'science'는 우리가 알고 있는 '과학' 그 자체만이 아닌 것이다.

'science'라는 용어가 서양에서 처음 들어왔을 때, 일본은 이 용어를 '여러 다양한 분야의 학문', '여러 과목의 학문'이라는 뜻으로 '과科' 자를 붙여 '과학'이라고 번역했다. 한마디로 이상한 조어이고, 우리가 지금 알고 있는 '과학'과도 전혀 다른 상이한 개념이다. 즉, 일본은 '과학'이란 '여러 분야로 나뉜 학문의 총칭'이라는 의미로서 '분과分科의 학學' 혹은 '백과

‘지식과 경험의 총칭’으로서의 ‘science’는 ‘지식’, ‘학문’, ‘학술’의 의미를 지닌다. ‘기술’이라는 뜻도 포함한다. 그러나 우리가 ‘과학’이라고 알고 있는 ‘science’는 본래 지닌 ‘학술’, ‘학문’, ‘지식’이라는 개념이 완전히 휘발되어버렸다.

한마디로 일본의 규정에 의해 ‘science’에 대한 우리의 사유와 느낌이 그대로 고정됐다. 어느 한 용어에 대한 특정 개념의 고착화가 강제되는 ‘언어 환경’에서 우리가 살아가는 셈이다. 가령 우리가 ‘science’를 ‘과학’으로 받아들일 때와 ‘학문’으로 받아들일 때 각각 그 개념과 느낌이 전혀 상이하다. 이는 대단히 중요한 문제다.

엄격하게 보면, ‘과학’이라는 용어는 화제영어가 아니다. 그러나 일본에 의해 ‘science’가 ‘과학’으로 규정되었고 그것이 ‘science’의 개념과 느낌을 고정시켰다는 점을 생각한다면, 역시 큰 범주에서 화제영어에 속한다고 해야 마땅하다.

‘과학기술’이라는 말에 부합하는 영어 단어는 없다. 구태여 영어로 표현하자면 ‘science and technology’ 정도가 될 것이다.

ㄹ 생활 용어

일본식 영어는 우리 주변 도처에 널려 있다. 나 역시 지인들과 이야기하다 보면 무심결에 일본식 영어가 튀어나온다. 스스로 놀라는 경우가 한두 번이 아니다. 정말이지 우리는 일본식 영어에 '포위'된 셈이다.

'페트PET병'은 일상생활에서 매우 많이 쓰는 말이다. '수많은 페트병을 어떻게 재활용하느냐'는 사회적 과제로도 크게 부각되었다.

그런데 '페트병'이라는 말은 정작 영미권 국가에서 통용되지 않는다. '페트병'의 '페트'는 영어로 'PET'이다. 'PET'는 'polyethylene terephthalate(폴리에틸렌 테레프탈산염)'의 약자로 영미권에서는 '피이티'로 읽는다.

폴리에틸렌 테레프탈산염은 석유로부터 만들어진 수지樹脂의 명칭으로서 전문용어다. 당연히 전문용어는 영미권에서도 일상생활에서 거의 사용되지 않는다.

또한 '페트pet'라고 하면 영미권에서는 반려동물로 알아듣기 때문에 '페트병'은 '반려동물에게 물을 주는 용도로 사용되는 병'으로 이해하게 된다.

그런데 왜 우리는 '페트병'이라는 말을 쓰게 되었을까? 바로 일본식 영어인 '페트병'을 그대로 들여와 사용했기 때문이다. 일본에서 'ペットボトル(페트보틀)'이란 말은 우리와 동일한 의미와 용법으로 사용된다.

'페트병'에 해당하는 영어는 'plastic bottle'이다.

ㆍ**머그컵** マグカップ

일본식 영어는 원어의 생략형을 쓰는 경우가 많다. 그런데 '머그 mug'는 그 자체로 이미 찻잔이나 컵을 의미하지만, 일본식 영어는 굳이 필요 없는 '컵'을 덧붙여 'マグカップ(머그컵)'이라고 한다. 그냥 '머그'라고 하면 된다.

페트병 ペットボトル

토일렛 トイレ

백화점 같은 곳에 있는 화장실 문에는 대개 'toilet'이라 표기되어 있다. 그런데 미국을 비롯한 북미 지역에서 쓰는 'toilet'은 우리가 생각하는 '화장실(변소)'이 아니라 '변기'를 뜻한다.

미국에서 '화장실'이란 의미로 사용하는 단어는 바로 'bathroom'이다. 물론 완곡한 표현이다. '공중화장실'의 경우에는 'restroom'이라는 단어를 사용하고, 이밖에 'ladies room', 'men's room', 'women's room'을 사용한다.

캐나다에서는 '공중화장실'을 'washroom'이라고 부른다.

다만, 영국에서는 'restroom'과 함께 'toilet' 혹은 'lavatory'라는 용어가 사용된다.

본래 'toilet'은 '화장'이나 '몸치장'이란 뜻의 프랑스어 'toilette'에서 유래한 말이다. '화장실'이라는 우리말 또한 '화장하는 데 필요한 설비를 갖추어놓은 방'이 첫 번째 뜻으로 이에서 유래했다.

한편 화장실을 의미하는 또 하나의 표지는 바로 'W.C.'다. 'W.C.'는 'water closet'이라는 두 단어의 앞글자로 만든 용어다. 'closet'은 '옷을 걸어놓는 곳'을 의미하는데, 수세식 화장실이 생기자 'water'와 결합해 'water closet'이라는 말이 만들어졌다. 'W.C.'라는 말은 현재 영미권에서는 쓰지 않는데, 독일에서는 여전히 사용된다.

'toilet(トイレ)'이나 'W.C.' 모두 일본식 영어다. 일본식 영어는 우리 생활 곳곳에 깊숙이 들어와 있다.

| 서울 서대문구의 한 대형마트 유제품 코너 앞. 직원이 은색 카트를 밀고
제품 진열대 앞에 서자 고객들이 하나둘 모여들었다.

백화점이나 마트에 가면 '식품 코너'나 '화장품 코너', '의류 코너'
등 '코너corner'라는 말을 흔히 보거나 들을 수 있다. 그런데 '코너'라
는 말은 일본식 영어. 일본에서는 "야채코너, 정육코너"*와 같이
'コーナー(코너)'라는 말을 많이 쓴다.

본래 '코너'의 영어 'corner'는 '건물 모서리', '모퉁이'라는 뜻을
가진 단어다. 우리가 쓰는 '코너'의 영어 표현은 규모가 큰 매장에서
는 'department'를, 비교적 규모가 작은 매장에서는 'section'을 사
용한다. '판매대'는 'counter'가 부합하는 표현이다.

한편, 웹사이트에도 '코너'라는 말이 사용된다. 이 경우에는
'section'이 맞는 표현이다. 만약 페이지 전체가 해당 내용으로 이뤄
졌다면 'page'도 쓸 수 있다.

TV나 라디오 프로그램에서도 '다음 코너는 ○○에 관한 이야기
입니다' 등 '코너'라는 말을 자주 들을 수 있다. 이 경우의 '코너'는
'segment'라는 영어 표현이 정확하다.

---

*   野菜コーナー, お肉コーナー.

아파트 アパート

'아파트apart.' 우리 사회에서 금보다 더 귀하고 가장 소중한 재산이며 꿈의 대상이다. 동시에 수많은 사람을 끝없이 절망시키고 한 맺히게 만드는 대상이기도 하다.

도시국가를 제외하고 세계적으로 우리나라처럼 주거 형태가 온통 아파트인 나라도 드물다. 말 그대로 '아파트 공화국'이다. 그런데 '아파트'라는 말 자체에 대해 생각해본 사람은 드물 것이다. 과연 '아파트'란 말은 어떻게 만들어졌을까.

'아파트'는 영어로 'apart'다. 뜻은 '떨어져서', '각각의'이다. 예를 들어, '전에 나는 아파트 생활을 했다'라는 말을 우리 식대로 생각해 'I was living apart before'라고 하면, 실제로는 '나는 전에 별거를 했다'는 뜻이 되고 만다.

결국 'apart'라는 이 단어는 주택 개념과는 전혀 거리가 먼 용어다. 그런데 왜 'apart'가 주택을 뜻하게 되었을까? 바로 '아파트'라는 말이 일본어 'アパート(아파트)'에서 왔기 때문이다.

일본에서 영어 'apartment'를 자기식대로 'apart'로 줄여서 일본식 영어로 만들었다. 본래 'apartment'는 한 가구분의 구획이고(영국에서는 flat이라고 한다), 전체 건물은 'apartment house' 혹은 'apartment building'이라고 한다.

원룸 ワンルーム

부동산 주거 문제가 갈수록 심각해지면서 '원룸one-room'이란 말의 사용 빈도가 더 많아지고 있다. '원룸'은 방 하나가 침실, 거실, 부엌 등을 겸하도록 설계한 주거 형태를 가리키는 말이다.

'원룸'의 뜻을 물으면 당연히 'one-room'이라는 영어를 떠올릴 것이다. 그런데 영미권에서는 이 말이 전혀 통하지 않는다. '원룸'도 일본어 'ワンルーム(원룸)'을 그대로 들여와 쓰는 까닭이다.

우리가 지금 쓰고 있는 '원룸'에 부합되는 정확한 영어 표현은 'studio apartment'다.

. 홈리스 ホームレス

한편, '홈리스homeless'라는 말도 여기저기서 들을 수 있다. 그러나 영어 'homeless'는 형용사로서 이 단어 단독으로 명사형으로 사용할 수 없다. 'a homeless person'이나 'the'를 붙여 'the homeless'라고 해야 한다.

'홈리스'도 일본어 'ホームレス(홈리스)'에서 왔다.

| 이번 태풍으로 농촌의 많은 <u>비닐하우스</u>들이 피해를 입었습니다.

'비닐하우스 vinyl house'는 채소나 화훼를 촉성 재배하거나 열대식물을 재배하기 위해 비닐로 만든 온실이다. 창고나 거주지로 이용되기도 해 가끔 '비닐하우스' 화재 소식을 뉴스로 접한다.

그런데 '비닐하우스'는 일본식 영어다. '비닐 vinyl'은 비닐수지를 뜻하는 용어다. 영미권에서 통하지 않는다. 영어 'plastic'이 비닐 수지를 비롯해 합성수지로 만든 것을 총칭하는 용어다.

우리는 '플라스틱'이라는 용어를 딱딱한 고형물질을 의미하는 말로 이해한다. 하지만 본래 '플라스틱'은 비닐이나 나일론, 셀룰로이드 등 부드러운 가소성 물질도 포함하는 용어다. 따라서 '비닐'이라는 말은 '플라스틱'으로 바꿔 사용해야 정확하다. '비닐백', '비닐봉지'의 정확한 영어는 'plastic bag'이다.

또한 '온실'을 뜻하는 '그린하우스 green house'는 대부분 유리로 만들기 때문에 '비닐하우스'의 경우 이와 구분하기 위해 'plastic green house'라고 해야 정확하다.

'비닐' 폐기물을 포함해 '플라스틱' 폐기물이 지구 전체를 뒤덮고 있다. '플라스틱'은 편리한 문명의 이기였지만, 이제 도리어 인간을 역습한다. 초미세먼지가 되어 대기에 퍼져 나가고 썩지도 않은 채 채소, 과일, 어류에 침투해 결국 우리의 삶을 위협한다.

'어필appeal'이라는 말도 일상에서 흔히 쓰인다. 결론을 먼저 얘기하자면, '어필' 역시 일본어 'アピール(어필)'을 그대로 받아들인 일본식 영어이다.

예를 들어, 우리가 일반적으로 사용하듯 '나 자신을 더 어필해야 했다'라는 문장을 영어로 'I had to appeal myself more'라고 말한다면 어떻게 될까?

영미권 사람이 이 말을 들으면 '나 자신을 더 공소控訴해야 했다'라는 의미로 받아들인다. 'appeal'은 동사로 '공소하다', '항소하다'라는 뜻이기 때문이다. 이 경우에는 '어필'을 동사로 사용했다.

그런가 하면 '자기 어필을 잘해야 한다' 등 '어필'을 명사로도 사용한다. '자기 어필'도 일본어 '自己アピール(자기 어필)'에서 그대로 온 말이다.

그런데 'appeal'은 명사로 '공식 요청'을 비롯해 '호소', '상소', '매력', '(심판에 대한) 항의' 등 다양한 의미를 지닌다. 우리가 일상에서 사용하는 명사형 '어필'은 단지 '장점'이나 '매력'이라는 의미뿐이다. 결국 'appeal'이 지닌 일부 의미만 가져다가 사용하는 셈이다.

우리가 쓰는 '어필'은 대체로 '자기의 능력이나 실적을 타인에게 인정받기 위해 주장하는 것'이라는 뜻이다. 하지만 'appeal'에는 이러한 의미가 없다.

일본식 영어 '어필'은 영어로 'showcase one's achievement' 정도

가 될 것이다.

한편, '어필포인트 appeal point'라는 말도 사용된다.

| 그러다 보니 소상공인에게는 새로운 <u>어필포인트</u>가 되기도 한다.
| 그런 얘긴 <u>어필포인트</u>는 아니었나 보다 싶었어.

이 말 역시 일본식 영어 'アピールポイント(어필포인트)'에서 왔다. 영미권에서는 'selling point'라고 해야 한다.

· **심플** シンプル

주변에서 '심플한 사람이다', '그 사람 참 심플해'처럼 '심플'이라는 말을 자주 들을 수 있다. '심플 simple'도 일본어 'シンプル(심플)'을 수입한 일본식 영어다.

영어 'simple'은 '단순한'이라는 의미를 지닌 단어인데, 긍정적인 뉘앙스가 아니다. 특히 'simple'을 사람에게 사용하게 되면 '사려가 없는 우둔한 사람'이라는 모멸적인 표현이 된다. 사용에 매우 주의해야 할 말이다.

해프닝 ハプニング

'해프닝happening'이라는 말은 '생각하지도 않게 뜻밖에 발생한 일', '우발적인 사건'이라는 뜻으로 사용된다. '생각하지도 않았던', '의외의'라는 뉘앙스를 지닌 말이다.

그런데 영어 'happening'에는 '생각하지도 않았던'이나 '의외의' 같은 뉘앙스가 없다. 단순히 'an event, occurrence(일어난 일)'라는 뜻을 가진 단어일 뿐이다. 게다가 명사로 사용되는 경우도 거의 없다. 대부분 'happen'의 현재진행형 동사로 쓰인다.

따라서 우리가 잘못 쓰는 '해프닝'을 영어로 옮기면 'A happening happened'*나 아예 해석이 불가능한 'There is happening'이라는 엉터리 영어가 될 수 있다.

'예기치 않은 사건'을 뜻하는 영어에는 'something unexpected', 'accident', 'incident(큰 사건)' 등이 있다.

그러고 보면 '해프닝'이란 말이 지금과 같은 의미로 쓰이는 것 자체가 '해프닝'이다.

---

*   뜻하지 않은 해프닝이 발생했다.

챌린지 チャレンジ

최근 '챌린지challenge'란 말을 자주 듣는다. 그러나 너도나도 앞다 퉈 쓰는 '챌린지'는 오용되는 말이다.

본래 영어 'challenge'는 대부분 긍정적인 의미로는 사용되지 않는 다. 'challenge'의 어원인 라틴어의 원래 의미는 '중상모략' 혹은 '비 방'이다. 당연히 그로부터 연유된 'challenge' 역시 부정적 의미를 지 니게 된다.

영미권에서 'challenge'라는 말은 '커다란 난관'이나 '곤경' 혹은 '이의 제기'라는 뜻을 내포한다. 긍정적인 뉘앙스가 없는 단어다. 우 리 주변에서 남발되는 것처럼 '좋은 목표나 꿈에 도전한다'와 같은 의미로 사용되지 않는다.

동사 'challenge'는 '사람'에게 '도전한다'는 용법으로 쓰여, 항상 목적어가 수반되어야 한다. 또 명사 'challenge'는 '매우 어려운 시련 (혹은 과제)이지만 보람 있는 일'이라는 의미다.

우리 주변에서 너도나도 쓰는 '챌린지'의 의미는 대부분 'try'로 바꿔 써야 한다.

예를 들어, 중국요리에 도전해보겠다는 말을 영어로 'I tried to challenge to cook Chinese foods'라고 'challenge'를 넣어 말하면, 듣 는 사람은 '중국요리를 만들기 위해 무언가에 도전했지만 실패했다' 정도로 알아듣는다.

영어 'challenge'는 대개 상당히 큰 범주의 일에 사용되기 때문이다. 중국요리에 도전하려 했다는 영어 문장은 'I tried cooking Chinese foods' 정도가 무난하다.

사실 더 큰 문제는 '챌린지チャレンジ'란 말이 바로 일본식 영어라는 점에 있다. 일본에서 '부정확하게' 사용하는 '챌린지'를 한국 사회가 그대로 모방해 사용하고 있다. 잘못 사용되는 일본식 영어를 우리 사회에서 들여와 '홍보용'으로 이용하는 꼴이니 참으로 어이없다.

한편, TV에서 출연자들이 '도전!'을 외치는 경우를 자주 볼 수 있다. 한때 일본 방송을 꾸준히 모방해온 우리 방송계의 관행으로 미뤄볼 때, 이 역시 일본식 영어 '챌린지'에서 비롯한 것으로 추정된다.

챌린지 チャレンジ

| 일부 어린이용 완구, 우산 등에서 <u>환경호르몬</u>이 기준치를 수백 배 초과
한 것으로 확인됐다.

'환경호르몬'이라고 하면 많은 사람이 플라스틱을 먼저 떠올리지
만, 이는 일부에 불과하다. 중금속, 다이옥신, 유기염소계 농약 등이
모두 환경호르몬을 발생시킨다.

'환경호르몬'은 우리 몸에서 정상적으로 만들어지는 물질이 아니
다. 산업 활동을 통해 생성, 분비되는 화학 물질이다. 그런데 '환경호
르몬'이란 용어는 어딘지 모르게 모순적인 말처럼 들린다. '환경을
위한 호르몬'이라는 느낌을 주기 때문이다.

'환경호르몬'을 영어로 어떻게 쓸까? 말 그대로 'environmental
hormone'일까? 실제 우리나라 영자 신문에는 '환경호르몬'이 그대
로 'environmental hormone'이라고 표기되고 있다.

| More recently, <u>environmental hormones</u> from plastic and other waste
have also become culprits.   _《조선일보》 2021. 6. 23.
| To make matters worse, chemical toxins commonly called "environmental
<u>hormones</u>".   _《코리아헤럴드》 2004. 8. 31.

'환경호르몬'의 공식 영어 명칭은 'endocrine-disrupting' 혹은

'hormone-disrupting substance'다. 약칭으로 'EDC'라고 표기한다. '내분비 교란물질'로 생물체에 흡수되면 내분비계 기능을 방해하는 해로운 물질이다.

그런데 왜 '내분비 교란물질'에 '환경호르몬'이라는 명칭이 붙었을까? 1997년 일본 과학자들이 NHK 방송에 출연했다. 이들이 "환경 중에 배출된 화학 물질이 생물체 내에 유입되어 마치 호르몬처럼 작용한다"라고 해 '환경호르몬'이라는 용어가 생겼다고 한다.*

일본에서는 '環境ホルモン(환경호르몬)'이라는 말이 '환경호르몬 학회'나 '환경호르몬 측정' 등과 같이 일반적으로 사용된다.**

'환경호르몬'이란 용어는 인간과 환경에 유해한 물질을 마치 환경에 유익한 물질로 혼동하게 만들 수 있는 비과학적 용어에 속한다. 일본에서 비과학적으로 만들어진 용어를 우리가 그대로 들여와 사용하는 것은 문제다.

---

* 〈한국민족문화대백과〉. http://encykorea.aks.ac.kr/Contents/Item/E0068958
** 環境ホルモン学会, 環境ホルモン測定.

환경호르몬   ホルモン

스태미너 スタミナ

| 장어구이부터 추어튀김, 그리고 연잎쌈밥까지 <u>스태미너</u>에 좋은 음식들 총출동.
| <u>스태미너</u> 음식은 돌아오는 거야.

'스태미너 stamina'는 '체력'을 의미하는 말로 일상적으로 사용된다. 특히 '남성의 정력'을 뜻할 때 흔히 사용된다.

그런데 '스태미너'란 말 역시 일본식 영어. 일본에서 'スタミナ(스태미너)'는 "스태미너 요리", "일본어 스태미너는 체력·정력의 뜻으로 쓰이지만"*과 같이 우리와 용법이 동일하다.

'스태미너'는 영어 'stamina'에서 온 말이다. 정작 영어 'stamina'는 우리가 사용하는 '스태미너'와는 뉘앙스가 상당히 다르다. '남성의 정력' 같은 의미는 전혀 없다.

《메리엄웹스터사전 Merriam-Webster Dictionary》에는 'stamina'를 "어려운 과정이나 노력 등을 계속하는 도덕적 혹은 정서적 힘", "장기간에 걸친 스트레스가 많은 노력 혹은 활동을 견디는 신체적 혹은 정신적 능력"**으로 풀이한다.

---

*   スタミナ料理.
     日本語スタミナは, 体力・精力の意に用いられるが.

**   the moral or emotional strength to continue with a difficult process, effort, etc.

· 엑기스 エキス

한편, '인삼 진액 엑기스'나 '매실 엑기스' 등 '엑기스'란 말도 많이 들어볼 수 있다. 이 역시 일본식 영어 'エキス(엑기스)'에서 들어온 말이다.

'엑기스'의 정확한 영어 표현은 'extract'다.

· 리프레시 リフレッシュ

'리프레시'는 물론 영어 'refresh'에서 온 말이다. 그런데 'refresh'는 동사다. '리프레시하기 위해'처럼 사용할 수 없다. 굳이 사용하려면 'refreshment'라는 명사형을 사용해야 올바르다. 어딘지 일본에서 영어를 사용하는 방식과 분위기가 느껴진다.

아니나 다를까, 실제 일본에서는 'リフレッシュ(리프레시)'를 "간식을 먹으면서 리프레시하는 것"*이라는 문장과 같이 사용한다.

굳이 '리프레시' 같은 생경한 외국어를 사용해야 할까? 그것도 정확한 영어도 아니고 일본식 영어를.

---

the bodily or mental capacity to sustain a prolonged stressful effort or activity.

*   おやつを食べながらリフレッシュをすること.

스태미너 スタミナ

카드키 カードキー

| 카드키가 세 개 있었는데, 그걸 훔쳐 갔어요.

'카드키card key'가 일상화됐다. 그런데 이 말은 '거꾸로' 만들어진 말이다. 정확한 영어는 바로 'key card'이기 때문이다. '카드키'란 말은 일본식 영어, 화제영어로서 일본어 'カードキー(카드키)'에서 왔다.

. 카드론 カードローン

한편, '카드론'이라는 말도 우리 주변에서 많이 쓰인다.

| "이젠 급전 마련 대출도 어렵겠네" … 저신용자 찾던 '카드론'에 고신용자 몰려.

'카드론card loan'도 일본식 영어다. 일본어 'カードローン(카드론)'에서 온 말이다. 정확한 영어는 'credit-card loan'이다. 일본에서 임의로 'credit'를 뺀 것이다.

콘센트 コンセント

전기 '콘센트consent'는 도처에 널려 있다. 공영방송 KBS의 공익광고에도 '콘센트'라는 말이 나온다. 아파트 현관문을 나가면 눈앞에 바로 나타나는 '화재 주의' 경고 안내문에도 '콘센트'라는 글자가 빨간색으로 강조되어 있다.

그런데 정작 영어 'consent'는 '동의하다', '승낙하다'라는 의미다. 우리가 사용하는 '전기 콘센트' 같은 뜻이 전혀 없다. 만약 미국인에게 '콘센트가 어디 있느냐?'고 'Where is the consent'라고 묻는다면 '동의가 어디 있느냐'로 알아듣고 당황할 것이다.

우리가 일상적으로 사용하는 많은 용어가 그러하듯 '콘센트' 역시 일본식 영어다. 그 가운데서도 '콘센트'는 의미가 완전히 바뀌어 사용되는 대표 용어에 속한다.

'동의하다'는 의미를 지닌 'consent'라는 영어 단어가 어떻게 '전기 콘센트'라는 의미로 둔갑했을까?

일본 근대 메이지 시대에 처음 수입된 전기제품은 둥근 구멍에 막대 모양의 플러그를 꽂는 방식이었다. 그 명칭은 'concentric plug(동심원의 플러그)'였다. 바로 이 명칭에서 'コンセント(콘센트)'라는 말이 만들어졌다고 한다.

그렇다면 '콘센트'라는 말에 부합하는 말은 무엇일까? 미국에서는 'outlet'을, 영국에서는 'socket'이라는 단어를 사용한다.

나이브 ナイーブ

'나이브naive'는 우리 사회에서 주로 '순진한'이란 의미로 사용된다. 그 의미에 부정적인 뉘앙스가 없다. 오히려 '안타깝지만 너무 순진하다'라는, 긍정적이고 호의적인 의미로 쓰인다.

결론을 미리 말하자면, '나이브'란 말은 일본어 'ナイーブ(나이브)'에서 온 일본식 영어다. 일본에서 'ナイーブ(나이브)'는 "그는 나이브하다", "당신은 나이브하다"*와 같이 우리와 동일한 용법으로 그리고 긍정적인 의미로 쓰인다.

그러나 영어 'naive'는 '유치한', '미숙한', '(경험 부족으로) 세상 물정을 모르는', '바보 같은foolish' 등의 의미를 가진 단어다. 대부분의 경우 부정적이며 경멸적인 뉘앙스로 사용된다. 만약 미국에서 'You're naive'라고 한다면 상대방은 자신이 바보 취급을 당했다고 생각하고 크게 화를 낼 것이다.

결국 우리가 사용하는 일본식 영어 '나이브'는 영어 'naive'와는 뉘앙스가 정반대다.

'naive'에는 '상식이 결여된'이라는 의미도 있다. 그래서 이 말은 간혹 아이들에게만 사용될 뿐 성인에게는 거의 사용되지 않는다.

---

*　彼はナイーブだから.
　あなたはナイーブだ.

키홀더 キーホルダー

| 내가 만든 가죽 키홀더를 선물하고 싶어서 뚝딱 만들어봤어요.

'키홀더key holder'는 '여러 열쇠를 가지런히 모아두는 작은 기구'다. '키홀더'는 많은 사람이 소지하고 있다. '키홀더'를 애지중지하는 사람도 적지 않다. 여행지 토산품 가게에는 '키홀더'를 기념품이나 선물용으로 많이 판매한다.

'키홀더'를 영어로 쓰면 'key holder'다. 그런데 영미권에서 이 말은 전혀 통용되지 않는다. 만약 'key holder'라고 말하면, 듣는 사람은 아마 '열쇠 보관인' 정도로 알아들을 것이다.

'키홀더'도 일본에서 자기식대로 만들어진 일본식 영어다. '키홀더'의 일본어는 'キーホルダー(키홀더)'다. 일본에서도 이 말은 "키홀더는 우리 일본인에게 어릴 적부터 대단히 익숙한 말입니다", "해외 기념품의 단골 상품은 단연 키홀더군요"* 등 일상적으로 쓰인다.

'키홀더'의 정확한 영어 표현은 'key ring'이나 'key chain'이다.

* キーホルダー は, 私たち日本人にとっては子どもの頃から非常になじみのある言葉ですね.
海外のお土産の定番と言えばキーホルダーですね.

데 이 트 코 스 デートコース

‘데이트 코스date course’는 ‘연인들이 만나 함께 보내기에 좋은 장소 또는 그 순서’를 뜻한다. 누구나 사용하는 말이니, 이 말을 쓴다고 해서 ‘잘못된 말일까’ 하고 의심하는 경우가 전혀 없다.

‘데이트 코스’를 영어로 표기하면 ‘date course’가 된다. 그런데 안타깝게도 이런 영어는 없다. 이 말도 일본식 영어이기 때문이다.

일본어 ‘デートコース(데이트 코스)’는 “주말의 데이트 코스”, “비 오는 날의 데이트 코스로도 최적이다”*처럼 우리말과 똑같이 쓰인다.

‘데이트 코스’를 바르게 표기하면 ‘a good place for dating’, ‘great place for dates’, ‘the best place to date’ 등이다.

영어 표현을 보면, 대부분 구체적인 수식이나 설명 그리고 정확성을 지향한다. 이것이 소통의 기본이다. 하지만 일본식 영어는 상대방에게 정확한 의미를 전달하는 목적이 아니라 오히려 그 뜻을 뭉뚱그리고 애매모호하게 만드는 경우가 대부분이다. 이는 상호 소통을 기본 목적으로 하는 언어의 존재 이유를 부정하는 것이다. 더구나 일본식 영어를 포함해 ‘신조어’를 사용하려는 심리에는 우월감과 함께 유행어에 뒤떨어지는 사람에 대한 ‘조롱’의 의도도 내포되어 있어, 상호 소통은 더욱 왜곡될 수밖에 없다.

---

* 週末のデートコース.
   雨の日のデートコースにも最適です.

매너 マナ

'그 사람 매너가 없어', '매너를 지켜'라는 말을 주변에서 흔히 들을 수 있다. 그런데 '매너 manner'라는 말도 일본식 영어다. '매너'는 보통 '예의' 또는 '사람으로서 지켜야 할 규범' 정도의 의미로 사용된다.

물론 '매너'는 영어 'manner'에서 왔다. 그런데 영어 'manner'에는 우리가 쓰는 '매너'에 내포된 '예의'나 '규범' 같은 의미가 없다. 'manner'는 'in an objective manner(객관적인 방법으로)'에서 알 수 있듯이 '방법'이나 '수단'의 뜻으로 쓰인다. 'way' 혹은 'method' 등과 비슷한 말이다.

'manner'의 어원은 라틴어 'manus'로 '손'이라는 뜻의 단어다. 'manner'의 의미인 '수단手段'의 '手' 역시 '손'을 뜻하니 참으로 공교롭다. 동양과 서양이 떨어져 있지만, 사람들은 서로 공유하는 바가 있는 듯하다.

그렇다면 '예의'나 '예절'이라는 의미의 영어는 무엇일까? 바로 'manners', 즉 'manner'의 복수형이다. 반드시 복수형으로 사용해야 한다. 복수형이냐 단수형이냐, 's'라는 글자 하나가 이처럼 큰 차이를 나타낸다.

'매너'라는 말에서 확인할 수 있는 한 가지 분명한 사실은 정확한 영어 'manners'도 아닐뿐더러, 굴절된 일본식 영어 'マナ(매너)'를 우리가 받아들여 결국 오용한다는 점이다.

언어란 정확해야 한다. "이름이 바르지 못하면 말이 순조롭지 못하고, 말이 순조롭지 못하면 일이 이루어지지 못한다."* 공자의 유명한 가르침이다.

매너 모드マナーモード

스마트폰에는 '매너 모드manner mode'가 있다. 전화가 왔을 때 주위 사람에게 피해를 주지 않도록 진동으로 울리도록 하는 상태를 말한다. 그런데 '매너 모드'는 일본식 영어다. 'silent mode'가 정확한 표현이다.

레이디 퍼스트レディーファースト

'레이디 퍼스트lady first'는 여성을 배려하는 말로 널리 알려졌다. 그런데 정작 영미권에서는 'lady first'라는 표현이 없다.

가령 구글 사이트에서 'lady first'를 검색해보면, 복수형 'ladies first'로 변환되어 검색된다. 즉, 'lady first'는 존재하지 않는 말인 것이다. 비록 말을 듣는 대상이 여성 한 사람이더라도 복수형으로 표현해야 한다.

매너리즘マンネリズム

'매너리즘mannerism'은 '항상 틀에 박힌 일정한 방식이나 태도를 취함으로써 신선미와 독창성을 잃는 일'을 뜻하며 '타성'이라는 의미로 이해된다.

---

*   名不正, 則言不順, 言不順, 則事不成. _《논어》〈자로〉 편.

'매너리즘' 역시 일본식 영어다. 이 말은 'mannerism'이라는 영어의 본뜻에서 벗어나 다른 뜻으로 변질되어 잘못 사용되고 있다.

영어 'mannerism'의 본래 의미는 '무의식적으로 나타나는 특별한 습관이나 말투 혹은 행동'을 가리킨다. '타성'으로 '오용'되는 '매너리즘'을 올바르게 표현하는 영어는 'get into a rut' 혹은 'stuck in a rut'다.

'매너리즘'은 본래 미술의 한 사조를 지칭했다. 16세기 유럽에서 르네상스 미술의 방식이나 형식을 계승하되 자신만의 독특한 양식에 따라 예술작품을 구현한 예술 사조를 말한다.

매너리즘 회화
〈사서Livararian〉(1562)
주세페 아르침볼도 作
캔버스에 유채, 97×71㎝
Skokloster Castle, Sweden.

무드 ムード

'무드 있는 카페' 혹은 '그 사람 무드 있다'에서처럼 '무드 mood'란 말은 분위기라는 뜻으로 사용된다.

그런데 영어 'mood'에는 '분위기'라는 의미가 없다. '개인 혹은 집단의 일시적인 심적 상태'라는 뜻을 지닌 말이다. 또 '기분이 자주 바뀌는', '변덕스러운', '까다로운'이라는 뜻도 있다.

'분위기'를 표현하고자 할 때는 'atmosphere' 혹은 'ambiance'*라는 말을 써야 한다. '그 배우는 무드가 있다'라는 말에는 'aura'가 적합하다.

.무드 메이커 ムードメーカー

'무드 메이커 mood maker'란 말도 쓰인다. 하지만 이런 말은 애당초 없다. '분위기를 만드는 사람'을 영어로 표현하면 'icebreaker'나 'life of the party' 혹은 'life and soul' 정도가 어울린다.

---

* 'ambiance'는 특히 레스토랑·호텔 등 인공적 건물의 독특한 분위기 표현에 쓰인다.

오픈카 オープンカー

'오픈카open car'도 우리 사회에서 오용되는 말이다. 그런데 이 말은 일본어 'オープンカー(오픈카)'에서 왔다. '오픈카'에 부합하는 영어 표현은 미국에서는 'convertible (car)', 영국에서는 'roadster'가 일반적이다.

· 캠핑카 キャンピングカー

누구나 꿈꾸는 '캠핑카camping car'도 잘못 쓰이는 일본식 영어다. 올바른 영어 표현은 'camper'나 'travel trailer'다.

· 렌터카 レンタカー

그런가 하면 '렌터카rent-a-car' 역시 잘못 만들어진 일본식 영어다. 올바른 영어 표현은 'rental car'다.

투톤 컬러 ツートンカラー

| 세련된 투톤 컬러에 합리적인 가격은 강점.
| MZ 세대 시크릿 투톤 컬러.

　'투톤 컬러two tone color'는 '두 가지 색조'라는 의미다. '색상이 다른 두 색을 조합한다'는 뜻으로 사용된다. 의상 패션을 비롯해 헤어스타일 그리고 자동차 디자인에까지 우리 주변에서 은근히 많이 사용되는 말이다.

　'투톤 컬러'를 영어로 그대로 표기한다면 'two tone color' 정도가 되겠다. 그런데 정작 영어에는 이런 표현이 없다. 뒷부분의 'color'는 필요 없고 'two tone'으로 이미 충분하다. 이런 조어 방식에서 이미 눈치챘겠지만, 'ツートンカラー(투톤 컬러)'라는 말 역시 일본식 영어다.

| 나는 그 투톤 컬러를 너무 좋아한다.
　私はそのツートンカラーがとても好きです.

핸들 ハンドル

자동차 '핸들handle'. 평상시 아무런 생각 없이 일상적으로 사용하는 말이다. 그런데 틀린 말이다.

영어 'handle'은 명사형으로 '손잡이'나 '자루'라는 뜻이다. 영미권에서 자동차의 'handle'을 말하면 듣는 사람은 십중팔구 '자동차 문의 손잡이'라고 알아듣는다.

우리가 사용하는 자동차 '핸들'을 가리키는 영어 표현은 'steering wheel'이다. 'steering'이라고 해도 통하고 'the wheel'도 가능하다. 다만 'the'가 없이 'wheel'만으로는 곤란하다. 영어 'wheel'은 '차륜車輪', '바퀴'라는 의미이기 때문이다.

'핸들ハンドル'이야말로 대표적인 일본식 영어다. 'steering wheel'이라는 용어의 본뜻을 무시하고 저들 방식대로 이해하고 해석해 '핸들'이라는 명칭을 붙여 쓰고 있다.

· 액셀 アクセル

자동차 용어에도 일본식 영어가 많다. 자동차의 '액셀을 밟다'에서 '액셀accel' 혹은 '악셀'도 'アクセル(액셀)'에서 온 일본식 영어다. 'accelerator'라는 영어를 축약한 말인데, 'accelerator'는 영국에서 쓰이는 용어다. 미국에서는 'gas pedal'이란 말을 사용한다.

·클랙슨 クラクション

'클랙슨을 울리다'의 '클랙슨 klaxon' 혹은 '클락션'도 흔히 들을 수 있는 말이다. '자동차 경적'이라는 의미로 사용되고 있는 '클랙슨'은 자동차 경적을 제조하는 기업(klaxon)의 명칭이다. '클랙슨'도 일본어 'クラクション(클락션)'에서 왔다. 정확한 영어 표기는 'horn'이다.

·사이드브레이크 サイドブレーキ

'사이드브레이크 side brake' 역시 일본식 영어 'サイドブレーキ(사이드브레이크)'가 그대로 들어왔다. 정확한 영어 표현은 'emergency brake'나 'hand brake', 'parking brake'다.

·보닛 ボネット

자동차 '보닛 bonnet'도 마찬가지다. 본래 'bonnet'은 주로 여성의 모자를 의미한다. 미국에서는 자동차 '보닛'을 'hood'라고 한다.

오토바이 オートバイ

| 추월·역주행 … 배달 <u>오토바이</u> 목숨 건 질주.

'오토바이'는 엔진이 부착된 이륜 자전거다. 그런데 '오토바이'라는 말은 영미권에서 통하지 않는다. 영미권에서는 엔진을 'motor'라고 하는데, 오토바이는 'motorbike' 혹은 'motorcycle'이라고 한다.

'오토바이'도 일본어 'オートバイ(오토바이)'에서 온 말이다. 일본에서는 1902년 처음으로 엔진이 부착된 미국 자전거 'Thomas'가 수입됐다. 당시에는 일본도 'motorcycle'이라는 용어를 사용했다.

그러다가 1923년에 《오토바이オートバイ》라는 월간지가 발행되면서 '오토바이'라는 말이 일반화됐다. 한때 영미권에서 'motorcycle'과 함께 일시적으로 'autobike'라는 용어가 사용된 적이 있다. 이때 일본에서 'autobike'를 줄여 '오토바이'라는 말을 만들어냈다.

． 바이크 バイク

한편, '바이크bike'는 '자전거'와 '오토바이' 모두를 지칭하는 말로 통용된다. 영어 사전에는 'bike'를 'bicycle'과 'motorcycle'을 모두 포괄하는 의미로 설명한다. 그런데 영미권에서 'bike'는 'bicycle', 즉 '자전거'를 가리키는 말로 일상적으로 통용된다.

'바이크' 역시 일본식 영어 'バイク(바이크)'에서 온 말이다.

마이홈 マイホーム

　부동산 문제는 가히 우리 사회에서 가장 커다란 이슈다. 특히 부동산 가격 폭등은 무주택자와 청년층을 절망 속에 몰아넣었다. 사람들이 편히 쉴 수 있는 안식처로 '자기 집'을 갖고자 하는 것은 당연한 일이다. 그러니 '마이홈my home'이란 말도 자연스럽게 나온다.

　그런데 '마이홈'은 잘못 사용되는 말이다. 'my home'이라는 영어는 '나의 집', '당신의 집', '타인의 집' 등처럼 단순히 구분하는 의미를 지녔을 뿐이다. '지니고 있는 집'이라는 소유의 의미는 전혀 없는 말이다. 우리가 사용하는 '마이홈'의 뜻으로는 'my own home' 혹은 'my own house'라는 표현이 부합한다.

　'마이홈'도 일본어 'マイホーム(마이홈)'에서 왔다.

마이카 マイカー

　한때 '마이카 시대' 등 '마이카my car'라는 말도 많이 사용됐다. '마이카' 역시 잘못 사용되는 말이다. 영어 'my car'는 단지 '내 차'라는 뜻일 뿐 '자가용차'라는 의미는 없다. '관용차'와 대비되어 '개인 소유의 차'라는 의미로는 'private car'를 쓴다. '마이카' 역시 'マイカー(마이카)'에서 온 일본식 영어다.

| 한국의 자동차는 '마이카 붐'을 타고 급격한 증가세를 기록, 1997년 자동차 1000만 대 시대에 진입했다.

·인터폰 インターホン

'인터폰interphone'도 'intercom'이 올바른 표현이다.

·인테리어 インテリア

'인테리어interior'라는 말도 일본어 'インテリア(인테리어)'를 그대로 들여온 것이다. 영어 '인테리어'는 '실내' 혹은 '내부'라는 의미 외에는 없다. 우리가 잘못 쓰는 '인테리어'의 정확한 영어 표현은 'interior decoration'이다.

펜 션 ペンション

| 마음은 벌써 위드 코로나 … 술집 단체 '가능'·펜션 '마감'

 한 기사 제목이다. 장기간에 걸친 코비드-19 감염병으로 정상적인 일상 회복은 모든 이의 소망이 되었다. 오랫동안 손님이 없었던 '펜션pension'도 기지개를 켜고 있다. 예약이 꽉 차서 주말에 '빈방'이 없다고 한다.
 다음은 일본의 '펜션' 창업 가이드 내용이다.

| 장기간의 불황이나 해외 여행객의 증가, 호텔이나 여관의 저요금화 등의 영향을 받아, 최근 몇 년간 펜션 수는 계속 감소하고 있기 때문에 경쟁이 격화되는 가운데 평균 객실 단가도 저하하고 있다. 그러나 개선이나 특성을 어필함으로써 다른 시설과의 차별화를 도모하여 고객에게 지지받는 펜션도 적지 않다.

長引く不況や海外旅行客の増加, ホテルや旅館の低料金化などの影響を受け, ここ数年ペンション数は減少が続いており, 競合が激化するなかで平均客室単価も低下している. しかし, 個性や特徴をアピールすることにより他の施設との差別化を図ることで顧客に支持されているペンションも少なくない.

 일본에서 '펜션'은 한때 상당한 인기를 끌었지만, 지금은 침체된 분위기다.
 '펜션ペンション'은 프랑스어 'pension'에서 비롯한 말이다. 영미권에

서 통하지 않는다. 원래 영어 'pension'은 '연금'이라는 뜻이다. 그래서 일본에서 연금 생활자가 자신의 집을 숙박용으로 내놓은 데서 '펜션'이라는 말이 유래되었다는 설도 있다.

'펜션'에 해당하는 영어는 'cottage'다. 영국에서는 조식을 제공하는 숙박 시설이라는 뜻으로 'bed and breakfast'라고 한다.

. 모닝콜 モーニングコール

여행지에서는 '모닝콜 morning call' 서비스를 이용할 때가 있다. '모닝콜'은 '호텔 등에서 지정한 시간에 전화로 손님을 깨워주는 서비스'를 뜻하는 말이다.

'모닝콜'을 영어로 쓰면 'morning call'이겠지만, 정작 이런 영어는 존재하지 않는다. 당연히 영미권에서 통할 리 없다.

'모닝콜'도 일본어 'モーニングコール(모닝콜)'에서 온 일본식 영어다. '모닝콜'에 부합하는 정확한 영어는 'wake-up call'이다.

. 러브호텔 ラブホテル

'러브호텔 love hotel'도 마찬가지로 일본이 만든 화제영어다. '같은 회사 내 남녀 직원 간의 사랑'이란 뜻의 '오피스 러브 office love'도 일본식 영어로서 'office love affair'가 올바른 표현이다.

베란다 ベランダ

'베란다 veranda'는 문제 있는 말이다. 영어 'veranda'는 '건물 지상층 밖으로 튀어나오게 해 벽이 없고 지붕을 씌운 부분'을 말한다. 영미권에서 이 단어는 거의 사용되지 않는다. 우리가 쓰는 '베란다'는 '발코니 balcony'라고 해야 정확하다.

'베란다' 역시 일본이 만든 말이다. 일본에서 'ベランダ(베란다)'라는 말은 우리와 동일한 용법과 의미로 사용된다.

· 지하층 B

보통 빌딩 지하층은 'B'를 붙여 'B1', 'B2', … 등으로 표기한다. 이는 잘못된 표기 방식이다.

미국에서 'B1', 'B2'라고 말하면 사람들은 비타민('비타민'도 '바이타민'의 일본식 발음이다) B1과 B2로 알아듣거나 아니면, 비자 종류로 여길 것이다. 지하층은 'basement 1', 'basement 2' 등으로 표기한다.

· 슬럼가 スラム街

또 빈민가 혹은 빈민촌이라는 뜻의 '슬럼가 slum街'라는 말 역시 마찬가지다. 이 말도 일본어 'スラム街(스람가)'에서 온 전형적인 일본식 영어다. 'the slum'이나 'slums'가 정확한 영어이다. 일본에서 자기식대로 거리를 뜻하는 한자 '가街'를 덧붙여 만들었다.

시스템 키친 システムキッチン

'시스템 키친system kitchen'은 수납대를 비롯해 조리대, 싱크대, 가스대 등을 자유롭게 조립해 선택할 수 있는 부엌 설비를 가리킨다. 이 말도 일본식 영어다. 'built-in kitchen'이 올바른 표현이다. '시스템 에어컨system air con' 역시 'built-in air conditioner'가 정확한 영어다.

. 전자레인지 電子レンジ

'전자레인지電子range'는 우리가 일상적으로 이용하는 조리 기구다. '레인지'의 영어는 'range'다. 그런데 'range'에는 '조리 기구'라는 의미도 있지만 실제 그 뜻으로는 거의 쓰이지 않는다.

'전자레인지'라는 말은 일본어 '電子レンジ(전자레인지)'에서 온 일본식 영어다. 맨 처음 '전자레인지'가 일본에서 선보였을 때 '불을 사용하지 않는 꿈의 조리기'로 인기를 크게 끌었다. 당시 상품 명칭이 '電子レンジ(전자레인지)'였기 때문에 이 명칭이 그대로 굳었다.

당연히 '전자레인지'라는 말은 영미권에서 통하지 않는다. 영미권에서 사용하는 명칭은 'microwave oven'이다. 'microwave'도 가능하다. '마이크로파라는 전자파로 작동되는 오븐'이라는 뜻이다.

. 가스레인지 ガスレンジ

'가스레인지gas range'라는 말도 우리가 아무 의심 없이 사용하는 용어다. 하지만 이 역시 문제가 있다. 영미권에서 '가스'와 관련된 조리

기구에는 'stove'란 단어가 사용된다. '가스레인지'는 'gas stove'가 올바른 영어 표현이다. '겨울의 난방 기구, 스토브'에서처럼 우리는 '스토브'란 말을 주로 난방 기구를 의미할 때 사용한다. 그러나 영어 용법상 난방 기구의 정확한 용어는 '히터 heater'다.

'가스레인지'와 '스토브' 모두 일본식 영어 'ガスレンジ(가스레인지)', 'ストーブ(스토브)'에서 온 말이다.

믹서 ミキサー

가정에서 사용하는 '믹서 mixer' 또한 일본식 용어다. 일본어 'ミキサー(믹사)'를 우리가 그대로 받아들여 쓰고 있다. '믹서'를 영어로 하면 'mixer'가 되지만, 영어 'mixer'는 'concrete mixer(콘크리트 믹서)'의 경우처럼 '혼합 기계'를 가리키거나 '방송국 등에서 음성과 영상을 조정하는 장치 혹은 그러한 작업을 하는 사람'을 지칭한다.

일본식 영어 '믹서'에 부합하는 올바른 영어는 'blender'다. 영국에서는 'liquidizer'라고 한다.

스테인리스 ステンレス

〈스테인리스 냄비를 홀랑 태워먹고 얻은 것〉*이라는 제목의 글을 봤다. 여기서 '스테인리스 stainless'라는 말도 일본식 영어다. '스테인리스스틸 stainless steal'이 정확한 표현이다. 일본에서는 자의적으로 '스틸'을 빼고 '스테인리스'만으로 본래 말을 대체해버렸다.

---

* 《오마이뉴스》 2021. 11. 19. 기사.

. 고무ゴム

'고무줄'이나 '고무장갑' 등 우리는 일상적으로 '고무'란 말을 사용한다. 물어보면 '고무'란 말이 순수 한글인 줄로 알고 있는 사람이 많다. 그런데 '고무'라는 말은 일본어 ゴム(고무)로 발음도 똑같다.

'고무'는 네덜란드어 'gom'에 기원을 둔 용어다. 영어로는 원재료를 'gum', 제품화한 상태가 'rubber'가 된다.

'고무'와 비슷한 사례가 하나 더 있다.

. 곤로コンロ

바로 '곤로'라는 말이다. 지금은 '곤로'라는 말이 상당히 생소하지만, 가스레인지가 보급되기 전에는 거의 모든 집에서 '석유 곤로'를 사용했다.

사람들은 이 '곤로'라는 말이 한자어라고 생각하는 경우가 많다. 그러나 이 말도 일본어다. '고무'의 경우처럼 일본어 'コンロ(곤로)' 역시 발음이 같다. 올바른 영어 표현은 '스토브 stove'다.

다만 '스토브'의 경우, 우리는 대개 난방 기구를 가리키는 용어로 사용한다. 그러나 서양에서는 'stove'를 'cooking stove'처럼 요리 기구 명칭으로 많이 사용한다. 앞서 말했듯, 난방 기구에는 '히터'라는 단어를 사용한다.

베니어판 ベニア板

| 한지를 베니어판이나 캔버스에 붙이는 과정이 종래 입체의 질료들을 연결할 때와 동일한 절차가 이뤄지게 했다.
| 시장경제라는 베니어판으로 겉치장을 한 공산주의 국가?

　'베니어판veneer板'이란 '얇게 켠 널빤지를 여러 겹 붙여 만든 나무판'이다. '베니어 합판'이라고도 한다. 그러나 '베니어'는 문제가 있는 말이다.

　'베니어판'의 정확한 용어는 'plywood'다. '베니어'는 'plywood' 위에 붙이는 화장판化粧板이다. 즉, 영어 'veneer'는 '베니어 합판'의 상면에 붙이는 얇은 판을 가리킨다.

　'베니어판'이라는 말도 일본어 'ベニア板(베니어판)'에서 온 일본식 영어다.

. 펜치 ペンチ

　한편, 철선이나 구리선 등을 절단하거나 구부리는 데 사용하는 '펜치pincers'라는 공구가 있다. 그런데 이 '펜치'도 일본식 영어다. 일본어 'ペンチ(펜치)'를 그대로 들여왔다. 'pliers'가 올바르다.

. 드라이버 ドライバー

　또 나사못을 돌려서 박거나 빼는 데 쓰는 공구인 '드라이버driver'가

있다. 이 말도 일본어 'ドライバー(드라이버)'에서 온 일본식 영어다. 올바른 영어는 'screwdriver'다.

. 니스 ニス

'니스 칠'에서 '니스nisu'는 '바니시varnish'에서 'var'를 발음하지 않고 뒤쪽만 잘못 발음해 만든 엉터리 용어다. 이 역시 잘못된 일본식 영어다.

베니어판 ベニア

커터칼 カッターナイフ

'커터칼cutter-'은 그야말로 일상 생활용품이다. 그런데 이 말이 일본식 말이라는 사실은 거의 알려지지 않았다. 바로 일본어 'カッターナイフ(커터나이프)'를 우리가 그대로 쓰고 있다.

물론 영미권에서는 통하지 않는다. 'utility knife' 혹은 'box cutter'가 정확한 영어 명칭이다.

. 호치키스 ホッチキス

'호치키스hotchkiss'는 사실 회사명이다. 미국 'Hotchkiss Company'에서 생산한 해당 상품을 일본에서 회사 이름 그대로 'ホッチキス(호치키스)'라고 부른 것이다. '스테이플러stapler'가 올바른 명칭이다.

. 사인펜 サインペン

한편, '사인펜sign pen' 역시 일본의 문구회사가 생산한 수성펜 명칭인 'サインペン(사인펜)'이 상품명으로 굳어져 만들어진 말이다. '마커marker'가 올바른 영어 명칭이다.

. 샤프펜슬 シャープペン

'샤프펜슬sharp pencil'은 일본에서 미국의 'Eversharp Pencil' 회사 이름을 그대로 붙여 'シャープペン(샤프펜슬)'이라는 상품 명칭을 만들었다. 'mechanical pencil'이 정확한 명칭이다.

· **볼펜** ボールペン

‘볼펜ball pen’은 ‘ballpoint pen’이라고 해야 정확하다. ‘볼펜’도 일본어 ‘ボールペン(볼펜)’에서 온 말이다.

· **크레파스** クレパス

동요에도 나오는 ‘크레파스craypas’는 참 정겨운 말이다. 어릴 적 소중한 추억이 새록새록 떠오르니 말이다.

그런데 안타깝게도 ‘크레파스’마저 일본식 영어다. 정확히 말하면, 일본 회사가 만든 상품명이다. 1926년 일본 사쿠라 상회가 제조한 ‘사쿠라 크레파스’라는 상품에서 이 말이 유래했다.

‘크레파스’를 뜻하는 표현은 ‘pastel crayon’이다.

· **화이트** ホワイト

‘수정액’을 흔히 ‘화이트white’라고 한다. 잘못 쓴 글자를 지울 때, 내용 수정이 필요할 때 ‘화이트’를 사용한다. 영어로 쓰면 당연히 ‘white’다. 그런데 이는 잘못된 말이다. 정확한 영어는 ‘white out’이다. 정규적인 영어 표현으로 ‘correction fluid’라 한다.

“화이트로 수정할 수 있습니까?”, “만화의 도구 소개, 화이트의 철저 비교!”*에서 알 수 있듯 일본에서 ‘ホワイト(화이트)’라는 말은 일상적으로 사용된다.

---

*   ホワイトで修正はできますか?
     漫画の道具紹介, ホワイトの徹底比較?

커터칼 カッターナイフ

'white shirts'의 경우에는 'white'를 'Y'로 얼버무려 '와이셔츠'라는 일본식 영어가 만들어졌다. 수정액 'white out'의 경우에는 뒤의 'out'을 없애고 앞말만 따서 '화이트'라는 일본식 영어가 생겼다.

'와이셔츠'와 수정액 '화이트', 일본식 영어의 자기중심적인 자의적 조어 방식이 너무나 잘 드러나는 대표 사례다.

. 스탠드スタンド

책상 위에 놓고 사용하는 탁상용 전기 '스탠드stand'도 일본어에서 비롯한 일본식 영어다. 'desk lamp'나 'table lamp'가 올바른 영어 표현이다.

| 새해엔 나만의 경제<u>노트</u> 한번 써보세요.
| 1월 1일, 우리 가족은 '비밀<u>노트</u>'를 펼쳐 듭니다.

'노트note'는 우리가 일상적으로 사용하는 말이다. '무엇을 쓰거나 그릴 수 있도록 매어놓은 백지 묶음'을 말한다. '공책'이라고도 한다.

그런데 우리가 사용하는 '노트'는 영어 'note'와 그 의미가 사뭇 다르다. 영어 'note'는 '짧은 기록', '각서', '메모memorandum'라는 뜻이다. 'note'의 어원은 '기호'라는 뜻을 지닌 라틴어 'nota'다.

따라서 '나는 그 문장을 내 노트에 적었다'라는 우리말을 영어로 'I wrote down the sentence in my note'라고 옮겨 쓰면 '나는 그 문장을 메모에 적었다'는 뜻이 되고 만다.

우리가 흔히 쓰는 '노트'라는 말은 'notebook'이라고 해야 올바르다. 'notebook'이란 'note' 즉 '기록이나 메모를 하는 책'*이라는 뜻이다. 위에서 말한 '나는 그 문장을 내 노트에 적었다'라는 의미의 영어 문장은 'I wrote down the sentence in my notebook'이라고 해야 정확하다.

'노트'라는 말 역시 일본어 'ノート(노트)'에서 왔다.

*   a book for notes or memorandum.

노트만으로 노트북을 가리키는 용법은 화제영어다. 영어 note의 의미는 짧은 기술, 적어두기, 메모, 주석 등으로 notebook이라는 의미는 없다.

ノートというだけでノートブックを指す用法は和製英語である. 英語のノート（note）の意味は, 短い記述, 書きつけ, 覚え書き, 注釈などで, ノートブックの意味はない.

노트북 ノートブック

우리는 흔히 '노트북 PC'를 '노트북notebook'이라고 부른다. 이 역시 일본에서 연유한 잘못된 말이다. '랩톱laptop'이 정확한 용어다. 일본에서는 '랩톱'을 'ノートパソコン(노트파소콤)'이라 한다. 'notebook personal computer'의 머리글자를 따서 자기식으로 만들었다.

스크랩 スクラップ

'스크랩북'도 마찬가지다. '스크랩scrap'의 본래 뜻은 폐금속 등의 쓰레기, 폐기물, 파편을 말한다. 우리가 이해하는 '신문이나 잡지 스크랩'으로는 쓰이지 않는다. 'clipping' 또는 'cutting'이 올바른 표현이다. 다만 '스크랩북scrapbook'은 영어로도 통용된다.

프린트 プリント

'프린트print'라는 말은 오늘날 일상어가 되었다. 그런데 영어 'print'는 '프린트하다'라는 동사다. 명사로 쓸 수 없다. 우리가 쓰는 '프린트'에 부합하는 영어는 'handout' 혹은 'printout'이다.

메모 メモ

| 고발장 전문을 보니 자신이 <u>메모</u>해준 내용과는 달랐다.

예문에 나오는 '메모memo'란 말은 본래의 의미와 다르게 오용되는 일본식 영어다.

'memo'는 잘 알다시피 'memorandum'의 약자다. 일반적으로 '자신이 나중에 확인할 수 있도록 기록해놓는 행위'를 가리키는 용어로 사용된다.

그러나 본래 'memorandum'은 '다른 사람에게 전달하기 위해 다른 사람과 공유하기 위해 기록하는 정보'로서 '각서覺書'나 '업무 연락' 혹은 '내부 문서'라는 뜻이다. 주로 공공기관이나 기업에서 자주 사용한다.

예를 들어, 'MOUmemorandum of understanding'라고 일컬어지는 양해각서에 'memorandum'이라는 용어가 사용된다. 이는 행정기관 등의 조직 간 합의 사항을 담은 문서이고 통상 법적 구속력은 없다. '상호 간에 확인했다'라는 신사협정과 같다. 우리가 평소 사용하는 '메모'라는 말과는 다른 '공식' 의미를 담고 있다.

우리가 사용하는 '메모'에 해당하는 영어는 바로 '<u>노트</u>note'다. '노트'가 바로 자기 자신의 기억을 위해 기록으로 남기는 '개인 비망록'이라는 의미를 지닌 말이다.

컨닝 カンニング

'컨닝cunning'은 학창 시절 해서는 안 될 절대 금지 행위로 많이 듣는 말이다. 이 말은 '시험을 치를 때 미리 준비해온 답안지나 남의 답안지를 감독자 몰래 보거나 베끼는 부정행위'라는 뜻으로 쓰인다.

'컨닝'을 영어로 쓰면 'cunning'이다. 하지만 '교활한'이란 뜻의 'cunning'에는 '시험 부정행위'라는 의미가 전혀 없다. 일본어 'カンニング(컨닝)'에서 온 일본식 영어다. 영미권에서는 'cunning'이 아니라 'cheating'이라고 한다.

사실 '컨닝'을 '콩글리시'라고 여기는 사람이 많다. 이런 일본식 영어를 그대로 들여와 사용하는 동안 그 유래와 기원이 사라져 '콩글리시'라고 여긴 것이다.

헌데, 국립국어원이 권고한 규범 표기는 '커닝'이다. 과연 맞을까.

미스 ミス

'판단 미스'나 '마이 미스' 등 '미스mis'라는 말도 자주 들을 수 있다. 그러나 '미스'는 틀린 말이다. 영어 'mistake'에서 'mis'만 떼어내 쓰는 엉터리 말이다. 'fail'이나 'err'라고 해야 올바르다.

일본에서도 'ミス(미스)'란 말은 우리와 같은 의미로 흔하게 사용된다. '실수하다'의 정확한 영어 표현은 'make a mistake'다.

우리가 사용하는 '미스'라는 말이 혹시 'miss'에서 온 말이 아니냐는 의문이 있을 수 있다. 하지만 이것은 오해다. 영어 'miss'는 동사로 '(기차 등을) 놓치다', '맞히지 못하다' 혹은 '그리워하다'라는 뜻으로 사용된다. 명사 'miss'는 '(당구 등에서) 목표물을 맞히지 못하는 것'이나 우리가 잘 알고 있듯 '결혼하지 않은 여성'을 가리킨다.

. 패스 미스 パスミス

'패스 미스pass miss' 역시 잘못된 일본식 말이다. 먼저 '미스'라는 말 자체가 그러하다. 이 표현은 'poor pass'나 'an errant pass'로 써야 한다.

모국어와 자국어

모어母語는 논리와 사고의 근간이다. 민족 문화, 나아가 국력의 주요 요소다. 모름지기 우리의 말과 글을 소중히 가꾸고 발전시켜야 한다.

흔히 '모국어'라는 용어가 사용되지만, 모어의 원어는 영어 'mother tongue'과 독일어 'mutter sprache'로서 여기에 '국가'의 의미는 전혀 존재하지 않는다. 따라서 이를 '모국어'라고 번역하는 것은 잘못이다.

'나라'라는 의미를 표현하고자 할 경우에는 '자국어'라고 해야 한다. '모국어' 역시 일본제국주의가 일본어를 미화시키기 위해 만든 말이다.

생각+
독립

'독립운동'이나 '독립운동가' 등 '독립'이라는 용어는 우리 사회에서 매우 존중받는 말에 속한다. '독립'이라는 말은 지금도 예를 들어, 중국의 '신장지역 분리독립 운동'이라든가 '스페인 바스크족의 분리독립 운동' 등에서 사용되는 용어다.

이 대목에서 한번 곰곰이 생각해보자. 과연 한국은 일본으로부터 '독립' 해야 하는 나라였을까? 또 우리 한민족은 일본으로부터 '독립'해야 할 민족이었을까?

· '독립'은 청나라로부터 분리 독립을 의도한 용어

우리나라에서 '독립'이라는 용어는 구한말 시기 만들어진 '독립협회'와 《독립신문》에서 처음 등장했다.

독립협회를 주도한 서재필은 갑신정변 뒤 미국으로 망명한 대표적인 개화파 인사다. 그런데 구한말 당시 조선의 개화파에 절대적인 영향력을 미친 인물이 바로 일본 근대화론의 대부 후쿠자와 유키치福沢諭吉다. 후쿠자와 유키치는 '독립자존独立自尊'과 "개인이 독립하고 국가가 독립한다"*는 주장을 하면서 '독립'이라는 용어를 특별하게 주장했다. 이는 조선 개화파에 자연스럽게 연결됐다. 이는 일본 학계에서도 분명히 확인된다.

---

*   一身独立して一国独立す.

청나라와 조선의 종속 관계라는 의외의 장애에 직면한 후쿠자와가 '조선
개조론'을 전개하면서 개화파의 '독립'론으로 이어졌다.

清朝と朝鮮の宗属関係という意想外の障害に直面した福沢は「朝鮮改造論」を再
展開し, 開化派の「独立」論へと繋がっていった.*

결국 조선의 개화파 그리고 독립협회가 내세웠던 '독립'이라는 말은 (일
본의 국익을 위한) 청나라로부터의 독립을 의미한 것이다. 독립협회가 세운 독
립문은 바로 그 대표적인 상징이자 증거다. 훗날 괴뢰국 '만주국'을 세울
때 일제가 사용한 '만주국 독립'에서도 '독립'이라는 용어가 애용된다.

이렇게 만들어진 '독립운동'이라는 말은 그 뒤 일제강점기에도 계속 연
용沿用해 사용됐고, 해방 후 지금에 이르기까지 아무 '의심' 없이 쓰여왔다.

물론 미국에서 11년 동안 살면서 미국 여성과 결혼한 서재필은 당연히
'미국 독립전쟁'이라는 용어에서 '독립 independence'이라는 단어를 자연스럽
게 받아들였을 것이다.

하지만 조선과 미국은 사정이 전혀 다르다. 미국은 영국 이주민이 세
운 나라로, 영국에서 '독립'했다는 말은 충분히 그 근거가 존재하며 논리
에 부합한다. 그러나 조선은 처음부터 일본으로부터 '독립'해야 할 이유
가 전혀 없을뿐더러 그러한 양국 관계가 아니었다. 일제에 빼앗긴 주권을
되찾는 운동을 가리키는 정확한 영어 표현은 'independence'가 아니라
'liberation'이다.

일본 제국주의에 단기간 빼앗긴 국권을 찾기 위한 운동을 '독립운동'이

---

* 　月脚達彦, 『福沢諭吉と朝鮮問題「朝鮮改造論」の展開と蹉跌』, 東京大學出版會大,
　 2014年.

라고 하는 것은 한국과 일본의 역사 과정을 살펴볼 때 진실에 부합하지 않는다. 동아시아에서 한일 양국 관계는 동등했다. 정확히 말하면 일본이 한국으로부터 장기간에 걸쳐 각종 제도와 문화를 전수받는 관계였다.

그러니 '독립'이라는 용어는 바뀌어야 한다. 이제 '독립'이라는 말 대신 '광복'이나 '해방' 혹은 '수복'이라는 용어를 사용해야 한다.

생각+

3 식생활 용어

식빵 食パン

'식빵 언니' 김연경 선수의 훌륭한 태도와 실력 덕분에 많은 국민이 무덥던 그해 여름을 잘 견딜 수 있었다.

그런데 '식빵'이 일본에서 온 말이었다. "日本語では食パンも菓子パンも…"란 일본어 문장에 '食パン', 즉 '먹을 식食'에 '빵'이라는 뜻의 일본어 'パン'이 합쳐진 글자가 있다.

본래 일본어 'パン'은 포르투갈어 'pão'에서 온 말이다. 그리고 '빵'이란 말이 그대로 한국에 들어와 사용되고 있다.

물론 '빵'이란 말은 영미권에서 전혀 통하지 않는다. '빵'에 해당하는 영어는 'bread'다. 햄버거스테이크*에 들어간 빵은 'bun'이라 한다. '식빵'은 영어로 'white bread'다.

・ 롤빵 ロールパン

'롤빵roll'이라는 말도 일본어 'ロールパン(롤판)'에서 온 일본식 영어다. 영미권에서는 'rolls'라고 한다. '빵'이라는 부가어가 필요 없다.

---

*   '햄버거'라는 말도 일본식 영어다. '햄버거스테이크'가 바른 말이다. 'hamburg'는 독일 북부 도시 함부르크를 의미한다.

롤케이크 ロールケーキ

'롤케이크roll cake'는 일상생활에서 자주 먹는 케이크다. 그런데 '롤케이크' 역시 일본어 'ロールケーキ(롤케이크)'에서 온 일본식 영어다. 영미권에서는 일반적으로 'swiss roll'이라 부른다. 'rolled cake'나 'cake roll'이라고도 한다.

・ 카스텔라 カステラ

'카스텔라castella' 혹은 '카스테라'는 본래 포루투갈어 'castella'에 영향을 받은 일본어 'カステラ(카스테라)'에서 온 말이다. 영미권에서는 통하지 않는다.

・ 쇼트케이크 ショートケーキ

'생크림과 딸기가 있는 스폰지 케이크'를 가리키는 '쇼트케이크 short cake'도 일본어 'ショートケーキ(쇼트케이크)'에서 온 말이다. 영국과 미국에도 'short cake'라는 명칭은 있지만, 버터가 많이 들어간 바삭바삭한 비스킷의 형태로 '스콘'과 유사하다. 영국에서는 일반적으로 'short bread'라 한다.

일본의 '쇼트케이크'는 영미권의 'sponge cake'에 속하고, 딸기를 사용하는 케이크는 'strawberry sponge cake'라 한다. '카스텔라' 역시 'sponge cake'류에 속한다.

. **데코레이션케이크** デコレーションケーキ

'데코레이션케이크decoration cake'란 장식을 의미하는 '데코레이션' 과 '케이크'를 합성한 일본어 'デコレーションケーキ(데코레이션케이크)'에서 온 말이다. 정확한 영어 표현은 그 용도에 따라 'wedding cake', 'birthday cake', 'Christmas cake'로 각각 사용된다. 또 장식을 했다는 의미에서 'decorated cake', 'fancy cake'라고도 한다. 우리말 규범 표기는 아쉽게도 '데커레이션케이크'다.

. **핫케이크** ホットケーキ

'핫케이크hot cake'란 말도 잘못 사용되는 용어다. '팬케이크pancake'가 올바른 표현인데, 일본에서 '뜨겁다'는 뜻의 '핫hot'과 '케이크cake'를 자의적으로 합성해 만들어냈다.

. **슈크림** シュークリーム

'슈크림choucream'은 영미권에서 통하지 않는 말이다. '슈크림'은 본래 프랑스어 'choux à la crème'이 어원이며, 'choux'는 양배추를 뜻하니 '크림이 들어간 양배추'라는 의미였다. 이 프랑스어를 일본에서 줄여 'シュークリーム(슈크림)'이라고 칭했다.

당연히 '슈크림'은 영미권에서 통하지 않는다. 오히려 자칫 '신발shoe에 바르는 크림'으로 오해받기 쉽다. 영미권에서는 'cream puff'라고 해야 통한다.

. **초코** チョコ

맛있는 초콜릿을 '초코choco'라고 하기도 한다. 우리 주변에 '초코

볼'이나 '초코파이', '초코케익', '초코우유' 등등 '초코'란 말이 은 근히 많다.

그런데 영미권에서는 'chocolate'를 'choco'로 줄여서 사용하지 않는다. 당연히 통용될 수 없다. 더구나 'choco'라는 영어 단어는 미국에서 유색 인종을 모멸적으로 지칭하는 경우에도 쓰이기 때문에 사용해서는 안 될 차별어에 속한다.

'초코'라는 말도 일본어 'チョコ(초코)'에서 온 일본식 영어다.

. **소프트아이스크림**ソフトクリーム

'소프트아이스크림soft ice cream'은 '부드러운 아이스크림'이라는 뜻으로 당연히 'soft icecream'이라는 영어에서 온 말이라고 생각할 수 있다. 그런데 '소프트아이스크림'은 일본어 'ソフトクリーム(소프트크림)'에서 비롯한 말이다. 영어 'soft serve ice cream'이 일본식 영어로 둔갑하면서 'serve'가 생략돼 만들어졌다.

롤케이크 ロールケーキ

| 소고기맛집 등심로스구이.
| '생생정보' 강황 오리<u>로스</u>, 누룽지 피자.

'등심로스', '로스구이', '오리로스' 등 '로스'는 군침을 돌게 하는 요리다. 그런데 '로스'라는 말이 무슨 뜻인지 생각해본 사람은 별로 많지 않을 것이다.

'로스'는 바로 '굽다'라는 뜻인 영어 'roast'에서 비롯한 말이다. 즉, '굽기(roast)에 적합한 고기 부위'라는 의미다. 대개 '어깨 부위에서 허리 부위까지의 등살'을 가리킨다.

'로스'라는 이 말 역시 자의적 조어 방식에 너무 익숙한 일본의 화제영어 'ロース(로스)'가 원조다. 영어로 말하면 'chuck', 'rip', 'loin'에 해당하는 말이다. 돼지고기의 경우에는 'pork loin'이라 한다. 참고로 'sirloin'이라는 영어는 맛이 너무 좋아 귀족을 뜻하는 'sir'가 붙은 것으로 알려진다.

· 히레ヒレ

한편, '히레'는 '허리 부위 고기'를 뜻하는 영어 'fillet'을 일본식 발음으로 읽어 생겨난 말이다.

스크램블에그 スクランブルエッグ

| 계란<u>스크램블</u>의 크기와 개수가 늘어나 한층 풍부하고 진한 맛이 나는
것도 특징이다.

'계란스크램블' 혹은 '스크램블에그'는 누구나 좋아하는 요리다.
영어 'scramble'은 '휘저어 익히다'라는 뜻으로 '스크램블에그
scramble egg'란 '달걀에 버터 등을 넣고 휘저어 익힌 요리'를 말한다.
그런데 '스크램블에그'는 약간 잘못된 말이다. 정확한 영어 표현은
'scrambled eggs'다. 'ice coffee'가 아니라 'iced coffee'이듯, 수동형
'scrambled'여야 한다. 그리고 대개 두 개 이상의 달걀을 사용하므로
복수형 'eggs'를 쓴다. 《표준국어대사전》에는 '**스크램블드에그**'로 올
라 있다.
'스크램블에그'도 일본식 영어인 'スクランブルエッグ(스크램블에그)'에
서 왔다.

﹒ 프라이팬 フライパン
일상생활에서 아무 생각 없이 쓰는 '프라이팬(후라이팬)'도 잘못된
말이다. 일본식 영어 'フライパン(프라이판)'에서 온 말로 정확한 용어는
'frying pan'이다. '계란후라이(계란프라이)' 역시 마찬가지다. 정확한 영
어는 'fried egg'다.

| 결식 아동 위해 햄버거 세트 200개 쐈다.
| 세트메뉴 35% 할인행사.

'○○버거 세트set'는 패스트푸드점에서 주문할 때 많이 언급하는 말이다. 그런데 이 말은 잘못됐다. '조합'이라는 의미를 지니는 'combo(콤보)'라는 용어를 써서 '햄버거 콤보'라고 해야 정확하다. 'combo'는 'combination'의 약자다.

우리는 '정식定式'이라는 뜻으로 '세트메뉴'라는 말을 쓴다. 그런데 영미권에서는 일반적으로 'set menu'라는 말을 사용하지 않고 (특히 미국에서) 'set meal'이라고 한다. 'menu'는 일반적으로 '요리 품목, 리스트'를 가리키는 단어이기 때문에 'menu' 대신 'meal'이라는 단어를 사용하는 게 자연스럽다.

'조식 세트'도 'a breakfast special'이 정확한 영어 표현이다.

'햄버거세트ハンバーガーセット', '세트메뉴セットメニュー', '조식세트朝食セット'는 모두 일본식 영어다.

・게임 세트 ゲームセット

'게임이 끝났다'는 의미의 '게임 세트game set'라는 말도 있다. 이 역시 일본이 만든 영어다. 'The game is over'가 올바른 표현이다. 'game set'라는 말은 영미권에서 '게임하는 데 필요한 여러 시설' 정도로 오해될 수 있다.

· 오픈세트 オープンセット

영화 촬영 등에서 나오는 '오픈세트open set'라는 말 역시 일본식 영어다. 'outdoor set'가 올바른 말이다.

레토르트 식품 レトルト食品

| 매점이 업그레이드돼 사발면과 레토르트 식품을 다양하게 …
| 레토르트 식품의 한계를 극복하기 위해 기술력을 총동원 …

'레토르트retort 식품'이라는 말도 심심찮게 사용된다. '레토르트 식품'이란 '오래 보관할 수 있도록 살균해 알루미늄 봉지에 포장한 식품'이라는 의미다.

'레토르트 식품'을 영어로 표기하면 'retort food'가 되겠지만, 이 말은 영미권에서 통하지 않는다. 영어 'retort'에 화학 실험에 쓰이는 '증류기'와 '멸균이 된 용기'라는 뜻이 있지만, 이는 특수 전문용어로 일반적으로 일상생활에서는 사용되지 않는다.

영미권에서 일상에서 'retort'라고 말하면 '대꾸하다' 혹은 '반박하다'로 받아들인다. 'retort'와 'food'를 연결해 사용하는 경우는 거의 없다.

'레토르트 식품' 역시 일본어 'レトルト食品(레토르트 식품)'에서 온 일본식 영어다. 일본에서 이 말은 "레토르트 식품은 어디에 있습니까?", "이것은 레토르트 식품입니다"처럼 쓰인다.[*]

영미권에서는 '레토르트 식품'이라는 의미를 표현할 때는 상황에

---

[*] レトルト食品は何処にありますか?
     それはレトルト食品ですよ.

따라 구체적으로 표현한다. 가령 '조리된 식품'이라는 의미로 'ready meal'을 쓴다. '냉동식품'일 경우에는 'frozen food' 그리고 '마이크로웨이브('전자레인지'는 일본식 영어)로 데워 먹는 음식'은 'microwave meal'이라고 한다.

패밀리 레스토랑 ファミリーレストラン

| 퇴물 취급받던 패밀리 레스토랑의 '화려한 부활'.
| 오후 늦은 시간부터 가족과 함께 보냈는데 오랜만에 패밀리 레스토랑에
 서 케이크 자르고 와인으로 건배하는 시간을 가져 너무 행복했다.

 '패밀리 레스토랑family restaurant'은 말 그대로 가족을 위한 레스토랑
이다. 대체로 '패밀리 레스토랑'이라는 말은 '레스토랑의 일반적인
예법을 벗어나 가족끼리 자유롭게 식사하는 레스토랑'이라는 의미
로 쓰인다.
 예능프로그램 〈놀면 뭐하니?〉에서 '토요태'의 데뷔곡에도 "너와
가고 싶었던 패밀리 레스토랑 거기서 함께 나온 건 내가 아니더라"
라는 노랫말이 나온다.
 '패밀리 레스토랑'은 영어로 하면 'family restaurant'다. 그런데 정
작 영미권에서는 이런 말을 찾기 어렵다. 그곳 사람들이 이 말을 듣
는다면 무슨 의미인지 잘 알아듣지 못하고 '가족이 경영하는 레스토
랑'쯤으로 뜻을 오해할 수도 있다.
 '패밀리 레스토랑'도 일본식 영어다. 〈위키피디아〉에는 'ファミリー
レストラン(패밀리 레스토랑)'을 이렇게 설명한다.

| 패밀리 레스토랑은 주로 가족 손님층을 상정한 레스토랑의 형태. 자동
 화된 미국의 커피숍을 참고해 일본에서 만들어진 기업 형태로서 화제

영어이다. 외식 산업의 하나로 체인점으로 영업하는 경우가 많다. 약칭
은 ファミレス(파미레스).

ファミリーレストランとは, 主にファミリー客層を想定したレストランの業態. モ
ータリゼーションの進んだ米国のコーヒーショップを参考に日本で成立した業態
で和製英語である. 外食産業の一つでチェーンストアとして営業するものが多い.
略称は「ファミレス」.

　우리가 사용하는 뜻의 '패밀리 레스토랑'에 정확히 부합하는 영
어 표현은 없는 듯하다. 다만 'casual restaurant'이나 'diner(간이 식
당)'가 가까워 보인다. 아이들도 함께 식사할 수 있다는 의미로 'kids-
friendly restaurant'도 생각해볼 수 있겠다.
　의미를 최대한 정확하게 표현하려면 'family restaurants such as
…' 식으로 구체적인 설명을 추가하거나 패밀리 레스토랑이 대개 체
인점이므로 'chain (family) restaurants such as …'로 설명하는 편이
나을 듯하다.

풀코스 요리 フルコース料理

| 연말 홈파티 '최고급 호텔요리' 풀코스로.

누구나 주말에 호텔이나 분위기 있는 레스토랑에서 '풀코스 ful course 요리'를 시켜 맛있는 식사를 즐기고 싶으리라.

'풀코스 요리'는 '한번 시키면 여러 요리가 일정한 순서로 짜여 전채 요리부터 후식까지 차례대로 나오는 요리'를 가리킨다.

그런데 만약 영미권에서 'course' 요리를 시키면, 우리가 생각하는 'A 코스'나 'B 코스' 등 '코스 요리'와는 다른 요리가 나온다. 영미권에서 'course' 요리는, 나오는 순서대로 첫 번째 나오는 요리가 'first course'고, 두 번째 나오는 요리가 'second course'다. 주 요리는 'main course'다.

예를 들어, 다섯 종류의 음식이 나오는 '5품' 식사를 영어로는 'a five-course meal'이나 'dinner of five courses' 혹은 'five-course dinner' 등으로 표현한다.

우리가 쓰는 '코스 요리'도 일본에서 온 용어다. 'コース料理(코스요리)'라는 말은 물론 'Aコース(A코스)'와 'Bコース(B코스)'라는 말도 우리가 쓰는 말 그대로다.

소울푸드 ソウルフード

| 겨울철, 따뜻한 국물에 밥을 말아 훌훌 마시듯 먹는 국밥은 한국인의
'<u>소울푸드</u>'라 할 수 있다.

'영혼을 울리는 음식'이라는 뜻으로 사용되는 '소울푸드soul food'는
'한국인의 소울푸드 제육볶음', 'MZ 세대 소울푸드인 곱창', '한국인
의 소울푸드인 떡볶이부터 국민 과자 새우깡' 등 갈수록 많이 사용
된다.

때로는 '추억의 음식'이라는 의미로도 쓰이고, '천안의 소울푸드
인 호두과자'처럼 '각 지방의 특색 음식'이라는 뜻으로도 사용된다.

'소울푸드'는 당연히 'soul food'라는 영어에서 온 말이다. 그런데
뜻밖에도 영미권 사람들은 이 말을 전혀 다른 뜻으로 받아들인다. 그
도 그럴 것이, 영어 'soul food'는 우리가 이해하는 '소울푸드'와 전
혀 다른 의미로 사용되기 때문이다.

《메리엄웹스터사전》은 'soul food'를 이렇게 풀이한다.

| 치터링스(돼지고기 소장 요리), 햄혹스 그리고 콜러드그린스 등과 같은 미국
남부 흑인들이 전통적으로 먹는 음식.

food (such as chitterlings, ham hocks, and collard greens) traditionally eaten by southern
Black Americans.

결국, 'soul food'는 미국 남부 흑인이 먹는 특정 음식이다. 우리가 아는 '소울푸드'와 전혀 다르다. 우리가 사용하는 '소울푸드'를 영어로 표현하자면 'comfort food' 정도가 어울린다.

'소울푸드'도 일본어 'ソウルフード(소울푸드)'에서 온 일본식 영어다. 일본에서 이 말은 "일본에서는 밥과 미소된장국이 소울푸드다"*라든지 "타코야키는 오사카의 소울푸드다"**처럼 쓰인다.

'영혼을 울리는 음식'이나 '각 지방의 특색 음식'이라는 뜻으로 사용하는 점에서 우리와 동일하다.

©Clipart Library

---

*   日本ではご飯とみそ汁がソウルフード.

**   たこ焼きは大阪のソウルフード.

푸드파이터 フード.ファイター

'스트리트 푸드파이터'란 제목의 방송 프로그램이 있었다. '푸드파이터food-fighter'란 '음식을 빠르게 또는 많이 먹는 것으로 유명하거나, 이를 주제로 경쟁하는 것을 직업으로 삼고 있는 사람'을 말한다. '푸드파이터'를 줄여 '푸파'라는 말도 사용된다.

'푸드파이터'를 영어로 쓰면 'food-fighter'다. 그런데 영어 'food-fight(푸드파이트)'는 우리가 사용하는 '많이 먹기'나 '빨리 먹기'라는 뜻이 아니다. '음식을 던지는 싸움'이나 '요리 대결' 등을 의미한다.

'푸드파이터'도 일본어 'フード·ファイター(푸드 파이타)'에서 왔다. 일본에서 이 말은 "푸드파이트를 시청하는 것을 좋아합니다"* 등으로 널리 사용된다.

사실 '푸드파이터'는 일본에서 대단히 유명하다. 일본에서는 일찍이 1980년대 말부터 TV 방송 프로그램에서 '全国大食い選手権(전국 대식 선수권)'이라는 제목으로 방영되어 큰 인기를 끌었다. '元祖!大食い王決定戦(원조! 대식왕 결정전)'은 지금도 유명하다. 이러한 먹기대회에서 2002년에는 중학생이 사망하는 사건이 발생하기도 했다.

'푸드파이터'의 정확한 영어 표현은 'competitive eater'다. '빨리 먹기'나 '많이 먹기' 대회는 'eating competition'이라 한다.

---

*   フードファイトを見るのが大好き.

테이크아웃 テイクアウト

| 수영구 '테이크아웃컵 회수 사업' 추진.
| 코로나 4차 확산에 구내식당 테이크아웃 72%↑

'테이크아웃 take-out'은 그야말로 일상어다. 이 말은 '음식물을 매장에서 먹지 않고 포장해 가지고 가는 것'이라는 의미로 사용된다.

그런데 '테이크아웃'은 영미권에서는 그다지 많이 사용하지 않는 말이다.

영국에서는 음식을 포장해 가는 경우 'take away'라는 표현을 사용한다. 반면 '가게 안에서' 음식을 먹을 경우에는 'eat-in'을 많이 쓴다.

미국에서 '테이크아웃', 즉 '포장'이라는 의미로 말을 할 경우에는 'take-out' 대신 'to go'라는 표현이 주류다. 그래서 대부분 'For here or to go?'처럼 사용한다.

'테이크아웃'라는 말도 일본어 'テイクアウト(테이크아웃)'을 우리가 그대로 들여온 것이다.

아메리칸커피 アメリカンコーヒー

미국에는 '아메리칸커피american coffee'가 없다. '아메리칸커피'라는 명칭이 없기 때문이다. 사실 '아메리칸커피'는 세계 기준이 되는 커피감정사 용어에 아예 존재하지 않는다.

미국에서 '아메리칸커피'를 주문하면 잘 알아듣지 못한다. 미국에서 '아메리칸커피'를 달라고 하면 주문받은 사람은 'what?'이라고 물으며 당황해할 것이다. '미국산 콩을 볶은 커피'를 달라는 것으로 생각할지도 모른다. 이는 마치 미국인이 한국 음료수 가게 와서 '한국인 주세요'라고 주문하는 꼴이다.

'아메리칸커피'라는 용어는 일본에서 만든 일본식 영어다. 미국은 과거 영국 식민지 시절 보스턴 차 사건 이후 영국으로부터 차가 들어오지 않자 홍차 대신 커피를 마시기 시작했다. 미국인들은 연하게 탄 커피를 하루에도 몇 잔씩 마셨기 때문에, 이를 본 일본 사람들이 연하게 탄 커피를 '미국식 커피'라 여겨 만든 명칭이다. 즉, '아메리칸식 커피'인 것이다.

우리가 생각하는 '아메리칸커피'는 실제로는 'weak coffee' 혹은 'mild coffee'에 해당한다. '아메리칸커피'가 아니라 'I'd like weak coffee'라고 주문하면 상대방이 알아듣는다.

브랜드커피 ブランドコーヒー

'브랜드커피brand coffee'란 말도 일본식 영어다. '혼합된 커피', '섞인 커피'라는 의미의 'blended coffee'라고 해야 한다. 그냥 단순하게 'coffee'라고 해도 된다.

. **아이스커피** アイスコーヒー

'아이스커피 ice coffee' 역시 일본식 영어다. 'iced coffee'가 정확한 영어 표현이다.

. **비엔나커피** ウィンナーコーヒー

'비엔나커피 Vienna coffee' 역시 마찬가지다. '비엔나커피'란 오스트리아 수도인 '빈풍Wien風의 커피'란 뜻으로 일본식 발음으로 된 조어다. 정작 오스트리아의 빈에 가서 '비엔나커피'를 주문하면 알아듣지 못한다.

영어로는 'coffee with whipped cream'이라 한다. '비엔나'라는 발음에 집착하면, 자칫 커피 대신 소시지를 먹게 될 수 있다.

. **커피타임** コーヒータイム

'커피타임 coffee time'이라는 말도 자주 들을 수 있다. 이 역시 일본에서 만들어진 영어로 'coffee break'가 올바른 표현이다.

캔커피 缶コーヒー

| 내 연기는 싸구려 캔커피 … 달달하지만 자극적이죠.
| 여자 친구와 캔맥주 마시다가 도마뱀이 나왔습니다.

'캔커피can coffee'와 '캔맥주can beer'는 정확한 영어 표현이 아니다. 'canned coffee' 'canned beer'가 올바르다. '캔커피'와 '캔맥주' 모두 일본어 '缶コーヒー(캔커피)', '缶ビール(캔비어)'에서 왔다.

우리나라 맥주가 북한 맥주보다 맛이 없다고 해 한동안 말이 많았다. 최근 들어 우리 사회에서도 각종 특색 있는 수제 맥주가 출현해 기존 맥주를 밀어내고 있다.

• 생맥주 生ビール

저녁에 '생맥주' 한잔 하는 것은 모든 이들이 바라는 소소한 즐거움이다. 그런데 과연 이 '생맥주'는 어떤 맥주를 가리키는 것일까? 과연 어떤 맥주가 '생맥주'일까?

우리는 대부분 병에 든 '병맥주'나 캔으로 포장된 '캔맥주'는 생맥주가 아니라고 생각한다. 과거에는 맥주를 빚는 과정에서 효모의 발효를 중단시키기 위해 열처리가 필요했다. 최근에는 기술 발전으로 대부분의 맥주 제조 과정에서 열처리 대신 여과 방식을 쓰기 때문에 '병맥주'나 '캔맥주' 모두 '생맥주'인 경우가 많다.

'생맥주' 역시 일본어 '生ビール(생맥주)'에서 온 말이다. 사실 '생맥

주'라는 용어 자체가 일본이 규정한 개념이다. 서양에서는 일반적으로 '통에 넣은 맥주'와 '병맥주'로 구분한다. 우리가 알고 있는 '생맥주'는 일본이 잘못 오용하는 의미와 사고방식을 우리가 그대로 받아들인 것이다.

· 흑맥주 黒ビール

'흑맥주'를 좋아하는 사람이 많다. 그런데 '흑맥주'의 영어는 'black beer'가 아니라 'dark beer'다. 'dark'는 '검다'의 뜻이 아니라 '어둡다', '짙다'라는 뜻이다. 그러므로 '흑맥주'는 엄격히 말해서 잘못 번역된 말이다. 이 '흑맥주 黒ビール' 역시 일본에서 그대로 들여온 말이다.

| 기록적인 폭염에 열대야 현상까지 계속되면서 커피전문점에서 카페인
　이 포함되지 않은 논카페인Non-Caffeine 음료 판매량이 늘어난 것으로
　나타났다.
| 카페인리스 관련 식품 시장이 26퍼센트가량 성장하는 등 디카페인 제
　품을 찾는 소비자가 늘고 있다.

　우리나라 사람들의 '커피 사랑'은 유명하다. 동시에 '카페인'에 대
한 과도한 의존을 피하려는 움직임도 있다. '논카페인non-caffeine'이나
'카페인리스caffeineless'와 같은 말이 익숙한 이유다.

　'카페인리스'라는 말을 영어로 쓰면 'caffeineless'다. 그런데 이런
영어는 없다. 일본어 'カフェインレス(카페인리스)'에서 왔기 때문이다.

　인용한 기사에는 '논카페인' 다음에 그럴듯하게 "Non-Caffeine"이
라는 영어까지 붙였다. 하지만 안타깝게도 영미권에서 'non-caffeine'
은 거의 통용되지 않는다. 이 말도 잘못 조어된 'ノンカフェイン(논카페
인)'이라는 일본식 영어다.

　'카페인제로caffeine zero' 역시 'カフェインゼロ(카페인제로)'에서 온 화제
영어다.

　'카페인리스', '논카페인', '카페인제로'는 'caffeine-free' 또는
'decaffeinated (coffee)' 혹은 'decaf(디캐프)'라고 해야 올바르다. 그러니
엄격히 말하자면 '디카페'나 '디카페인'도 부정확하다.

- **논슈가** ノンシュガー

'논슈가non-sugar'는 'ノンシュガー(논슈가)'라는 일본식 영어에서 온 말이다. 'sugar-free'가 올바른 표현이다.

- **논알콜** ノンアルコール

'논알코올non-alcohol'도 'ノンアルコール(논알콜)'이라는 일본어에서 온 화제영어다. 'non-alcoholic'이 올바르다. 'alcohol free'도 가능하다. 단, 순서를 바꾼 'free alcohol'은 '무료 술'이라는 의미다.

밀크티 ミルクティー

'밀크티 milk tea'를 즐겨 마시는 사람이 많다. 홍차의 떫은맛을 우유로 부드럽게 감싸 매끄러운 풍미를 즐길 수 있다.

그런데 '밀크티'는 부정확한 말이다. '밀크티'는 일본어 'ミルクティー(밀크티)'에서 온 일본식 영어다. 'tea with milk'가 정확한 영어 표현이다.

찻잎을 우유로 끓여 마시는 '로열밀크티'는 영어로는 'loyal milk tea'다. '왕실풍' 홍차라고 생각하기 쉽다. 그런데 정작 영국에는 이런 영어도 없고 이런 종류의 차도 없다. 역시 일본에서 만들어진 말이다.

・레몬티 レモンティー

홍차에 레몬을 넣어 마시는 '레몬티 lemon tea'라는 말 역시 일본식 용어다. 'tea with lemon'이 정확한 표현이다.

・스트레이트티 ストレートティー

'스트레이트티 straight tea'라는 말도 일본에서 만들어졌다. 영국에서는 'black tea'라고 한다.

・코코아 ココア

'코코아 cocoa'도 일본식 영어다. 'hot chocolate'가 올바른 영어다.

사이다 サイダー

| 시원한 맥주와 청량한 사이다의 만남.

'시원한' 느낌으로 알려진 '사이다cider'는 남녀노소 모두 즐겨 마시는 탄산음료다. 그러나 영국에서 '사이다'는 사과로 만든 술, 알코올음료를 가리킨다.

반면 미국 '사이다'는 사과 주스다. 다만 '하드 사이다hard cider'를 주문하면 영국 '사이나'와 같은 종류의 술이 나온다.

이처럼 영미권의 '사이다'는 우리가 알고 있는 탄산음료 '사이다'가 아니다. 우리가 사용하는 '사이다サイダー'도 일본에서 온 말이다.

일본 메이지 시대 초기에 한 회사가 파인애플과 사과가 들어간 탄산음료를 '샴페인 사이다'라는 상품명으로 처음 발매했다. 상류층만 마실 수 있는 음료였다. 그 뒤 파인애플을 사용하지 않아 명칭에서도 샴페인을 빼고는 '사이다'로 판매하면서 이 말이 널리 퍼지게 되었다. 이 일본산 '사이다'가 우리나라에 1905년 처음 들어왔다.

영어권에서 탄산음료는 'soda'로 표현한다. 상품명인 'sprite'를 주문하면 우리가 생각하는 '사이다'를 마실 수 있다.

주스 ジュース

일반적으로 '주스juice'는 과일이나 과일즙 혹은 과일향이 함유된 음료를 비롯해, 콜라와 사이다 등 탄산음료까지 포함한다. 기본적으로 달콤한 맛을 내는 소프트 드링크 전반을 가리킨다. 술 종류는 물론 이에 포함하지 않는다.

서양에서 '주스'는 과일이나 채소 100퍼센트로 만든 음료수만 의미한다. 과일 혹은 채소 100퍼센트가 아닌 음료수는 'fruit drink'라 한다. 이런 음료가 바로 우리가 '주스'로 여기는 것으로 영미권에서는 '소프트 드링크soft drink'라고 칭한다. 그 가운데 탄산음료를 '소다soda'나 '팝pop'이라 부른다.

따라서 우리가 마시는 '주스'는 'juice'가 아니라, '과일 음료' 혹은 '프루트 드링크' 혹은 '소프트 드링크'다.

우리가 영어 'hip'을 '엉덩이'로 잘못 이해하는 것과 동일하게 '주스' 역시 일본을 거쳐 들어오면서 그 의미가 잘못 형성됐다.

다이어트 ダイエット

| '비타민 D', 다이어트에 효과 좋다? 진실일까?

현대 사회에서 '다이어트diet'는 건강을 바라는 사람들 모두가 관심을 가지는 용어다. 그런데 우리가 쓰는 '다이어트'라는 용어의 의미는 영미권에서 사용되는 'diet'와 뉘앙스가 사뭇 다르다.

'I'm on a diet'는 '나는 식이요법을 하는 중이다' 혹은 '나는 지금 규정식을 하고 있다'는 뜻이다. 단순하게 '살을 빼다'라는 의미가 아니다.

영어 'diet'는 본래 '자신의 생활양식'을 뜻하는 그리스어 'diaita'에 기원을 두고 있다. 그래서 '다이어트'는 '건강을 위한 일상의 음식이나 식생활' 혹은 '하루에 섭취하는 음식량'이나 '식습관'을 가리킨다.

'Diet'는 '국민들의 일상적 삶'을 다룬다는 의미에서 덴마크와 스웨덴에서는 '의회'라는 용어로 사용된다.

'다이어트'가 '살을 빼는' 의미로만 사용하게 된 것은 바로 우리 사회가 일본이라는 프리즘을 통해 이 말을 받아들였기 때문이다.

리바운드 リバウンド

| 격일 단식 50일~58일 ★치팅하고 리바운드했다가 46kg 돌입!

    인터넷에서 '리바운드rebound'란 단어를 종종 마주친다. '리바운드'는 흔히 농구 경기에서나 들을 수 있는 말이다. 그런데 그것과는 전혀 다른 의미로 사용되는 '리바운드'다. 주로 다이어트 관련 글에서 이 단어를 볼 수 있는데, '리바운드'는 '다이어트로 살을 뺐지만 다시 원래 몸무게로 돌아오다'라는 뜻이다.

    '리바운드'란 말도 일본에서 왔다. 일본에서 'リバウンド(리바운드)'라는 말은 "조금 리바운드되었다"*처럼 사용된다. "일본어 '리바운드'는 다이어트를 해서 몸무게가 줄었는데 다시 본래의 체중으로 돌아왔다는 의미"**라는 글에서 알 수 있듯이, 다이어트와 관련한 용법과 의미가 우리와 동일하다. 이 경우 정확한 영어 표현은 'regain'이다.

    '리바운드'라는 일본식 영어는 일본에서 코비드-19 국면에도 사용되고 있다. 즉, "감염 리바운드, 리바운드 징후".***처럼 '재확산' 혹은 '재폭발'의 의미로까지 쓰인다

    그러나 영어 'rebound'는 부정적인 의미가 아니라 긍정적인 뉘앙

---

*   少しリバウンドした.

**   日本語の「リバウンド」は，"ダイエットをして痩せたのに，また元の体重に戻った"という意味.

*** 感染のリバウンド，リバウンドの兆候.

스를 지녔다.

《케임브리지사전 *Cambridge Dictionary*》은 'rebound'를 "이전의 좋은 조건으로 복원되는 것"*으로 풀이하면서, 'improve' 즉 '개선되다' 혹은 '호전되다'라는 의미라고 전한다.

또 《옥스퍼드사전 *Oxford Dictionary*》도 'rebound'를 "부정적인 일 이후에 일어나는 긍정적인 반응"**으로 풀이한다.

*   to return to an earlier and better condition.
**   a positive reaction that happens after something negative.

비영어권 일본식 외래어

일본식 외래어에는 '빵'처럼 영미권 외의 언어를 받아들인 말이 적지 않다. 게다가 일본식 발음이 더해져 영미권에서는 더욱 통하지 않는다.

메스メス

'메스를 댄다'라는 말의 '메스mes'는 네델란드어에 기원을 둔 일본식 영어다. 영어로는 'a surgical knife'라고 해야 한다.

핀트ピント

'핀트가 맞지 않는다'라는 말의 '핀트pinto'도 네델란드어에서 왔는데, 영어로는 'focus' 혹은 'point'가 그 의미에 부합한다.

핀셋ピンセット

'핀셋 정책'이니 '핀셋 지원' 등 '핀셋pincette'이라는 말도 흔히 사용되지만, '핀셋'이라는 말은 영미권에서 통하지 않는다. '핀셋'이라는 말은 본래 프랑스어에서 왔다. 이에 해당하는 정확한 영어는 'tweezers'다.

깁스ギプス

'깁스gips'도 일본어 'ギプス(기브스)'에서 온 일본식 영어로 영미권에서 통하지 않는다. 본래 '깁스'의 어원은 '석고'를 뜻하는 독일어 'gips'다(네덜란드어도 같다). 영어로는 'plaster cast' 혹은 단독으로 'plaster'나 'cast'도 가능하다. 'plaster'는 '석고'를, 'cast'는 '주조하다' 또는 '주조'를 뜻한다.

아베크アベック

'아베크족'이라는 말의 '아베크avec'는 어원이 '~와'라는 뜻을 지닌 프랑스어 'avec'다. 영어로는 'a couple'이다.

나트륨ナトリウム

소금기나 염분을 뜻하는 '나트륨natrium' 역시 독일어에 기원을 둔 전문 용어다. 일상용어로는 '소듐sodium'이라는 표현이 적절하다.

방갈로バンガロー

'방갈로bungalow'는 힌두어에서 온 말로서 인도 벵골 지역의 처마가 깊고 징면에 빌코니가 있는 소수택블 가리킨다. 이와 유사한 영어는 'a cabin'이다.

생각+
프랑스의 언어 정책

현재 프랑스어는 지구상에서 가장 우아하고 고상한 언어 가운데 하나
다. 프랑스어는 다른 어떤 언어보다 '분명하고 사교적이며 합리적인 것'으
로 만인에게 인정받는다. 나아가 프랑스인들은 '분명하지 않은 것은 프랑
스어가 아니다'라고 자신 있게 이야기한다.

이러한 프랑스어가 하루아침에 만들어진 것은 결코 아니다. 이는 프랑
스가 정부 차원에서 지속적이고 장기적으로 자국어의 보호와 발전을 위해
많은 노력을 기울였기 때문에 비로소 가능했던 일이다. 더불어 국어와 관
련된 사항을 국가 문제로 인식하고 지속적으로 논의를 거듭해 정책으로
뒷받침했기 때문이다.

프랑스 헌법 제2조에 "프랑스의 언어는 프랑스어로 한다"라고 규정되어
있다. 이는 공적 영역에서 공용어인 프랑스어 사용을 국민에게 강제하는
규정이다. 매스컴을 포함한 모든 공식 문건에서 사용되는 용어와 신조어
는 언어의 규범화codification라는 목적으로 세워진 국가 언어정책 기구인 '아
카데미 프랑세즈'의 승인을 받아야 한다.

프랑스에서 최초로 자국어 순화에 관심을 기울인 시기는, 프랑스어를
순화하여 올바른 국어로 확립시키고 사전의 편찬과 문법책을 간행하는 일
등을 목적으로 하는 아카데미 프랑세즈Académie française를 설립한 1635년이
라고 할 수 있다. 당시 재상이었던 리슐리외는 이 기구의 설립 목적으로
"정치적으로 분란이 심한 국가에서 결속력을 굳히기 위한 수단으로 통합

적인 하나의 언어가 필요하기 때문이다"라고 천명하였다.

아카데미 프랑세즈는 프랑스의 모든 사람이 프랑스어를 보다 잘 이해할 수 있도록 프랑스어의 규칙을 정하고 프랑스어가 학문과 예술의 언어가 될 수 있도록 프랑스어를 순수하고 풍요롭게 만드는 것을 그 임무로 하고 있다. 회원은 40여 명으로서 종신제 회원들은 '불멸 immortalité'이라는 칭호를 부여받는다.

이는 아카데미 프랑세즈의 창설자 리슐리외가 아카데미에 부여한 직인 위에 새겨진 '영원불멸 à l'immortalité'이라는 글귀에서 유래하였다. 아카데미 프랑세즈 회원들은 정부 기관의 통제를 받지 않고 형식적으로 대통령 직속기구로 편제되어 있다.

아카데미 프랑세즈는 1694년 최초의 《프랑스어 사전》을 편찬한 이래 1935년 제8권이 출판될 때까지 당대에 사용되고 있는 단어를 집대성하여 사전에 수록하는 작업을 기본적인 과제로 설정해왔다.

1958년부터는 〈바른 용법에 어긋나는 단어와 표현〉 리스트를 정기적으로 작성하여 간행하기로 결정하였다. 그 일환으로서 1964년 처음으로 《경계해야 할 표현들》이라는 소책자를 발행하고, 신어 新語를 사전에 추가하거나 현재 사용되고 있는 낱말을 폐기하는 등 적극적인 국어 순화운동을 전개하고 있다.

또한 프랑스 정부는 1972년 용어 및 신조어를 관리하기 위하여 정부 각 부처에 반드시 '전문용어위원회'를 설치하고 새로 유입되는 외국어나 외래어에 적절한 번역어를 지정하거나 새로 출현한 물건이나 개념을 지칭할 단어를 제정하는 등 관련 제반 업무를 처리하도록 하였다.

이 위원회의 결정은 법령으로 제정되어 〈신어관보 新語官報〉에 게재되며 프랑스에서 법적 구속력을 갖는다. 여기에서 결정된 전문용어들은 모든 공문서와 국가와 계약을 맺는 모든 계약서에 강제적으로 사용된다.

특히 전문용어는 사회의 각 영역에 걸쳐 상당한 정도의 문제를 초래할 가능성이 있기 때문에 해당 부처와 교육성이 관련 법령의 제정을 주도하고 법령의 범위를 정한다.

국무총리 직속인 '전문용어 및 신조어 위원회'는 새로운 전문용어와 일상용어의 도입을 통해 프랑스어를 풍요롭게 하기 위한 제도적 장치다. 위원회는 전문용어 및 신조어에 관한 여러 전문위원회의 업무를 조정하고, 개별 위원회들과 아카데미 프랑세즈 간의 협력을 관장한다. 위원회는 총 19인의 위원으로 구성되며, 의장은 4년 임기로 국무총리가 임명한다. 아카데미 프랑세즈의 종신 의장을 포함해 5명의 위원과, 문화부 장관이 관련 부처 장관의 추천을 받아 임명하는 4년 임기의 위원 13명으로 구성된다. 위원회는 월 1회 소집되며, 이들 외에도 여러 전문가가 여기에 참여한다.

1975년의 〈바-로리올 법 la loi Bas-Loriol〉은 언론 매체는 물론 산업 현장에서 프랑스어 사용을 의무화하였고, 여기에는 각종 광고와 양식 그리고 사용설명서 등도 포함되었다.

자국 언어를 소중히 가꾸고 이를 제도적으로 구축해온 프랑스의 경우는 우리가 반드시 본받아야 할 모범 사례다. 특히 말과 글을 일제에 강제로 빼앗긴 역사를 가진 민족으로서 말과 글의 소중함을 쉽게 망각해서는 안 된다.

나라와 민족의 얼과 혼을 살리는 차원에서 정부가 인적·물적 자원을 적극 투자하고 프랑스 정책을 모델로 삼아 정부 차원의 언어정책 기구를 설치하는 등 정책적·제도적 차원의 확실한 대책이 필요하다.

4 사회문화 용어

SNS

　'SNS'란 말은 오늘날 우리 사회에서 대부분의 사람이 사용한다. 'SNS에 올린 글', 'SNS 자제령', 'SNS 마케팅' 등 너무나 친숙한 일상 용어다. TV 방송은 물론이고 언론 기사며 인터넷에서도 이 말을 시시 각각 보고 들을 수 있다.

　그런데 사람들이 대부분 모르는 사실이 있다. 'SNS'라는 말이 정작 영미권에서 통하지 않는다는 점이다.

　우리는 'SNS'가 당연히 영어에서 온 말이라고 여긴다. 그러나 이 말은 '겉만 영어'이지 실제로는 일본에서 만들어진 '일본식 영어'다. 실제로 평소 아무 의심 없이 사용했던 'SNS'란 말이 미국에서 전혀 통하지 않아 당황했다는 일본인이 많다.

　'SNS'는 일반적으로 '특정한 관심이나 활동을 공유하는 사람들 사이의 관계망을 구축해주는 온라인 서비스'라는 뜻으로, 영어 'Social Networking Service'의 줄임말이라는 설명이 붙는다. 혹은 'Social Networking Site'라는 설명도 있다.

　하지만 유감스럽게도 영미권에서 'SNS'라는 줄임말은 전혀 사용되지 않는다. 일본이 자기 임의대로 줄여서 'SNS'라는 말을 만들어낸 것이다. 일본의 총무성과 일본의 TV 방송에서 'SNS'라는 이 줄임말을 처음 사용한 것으로 알려진다. 그러니 영미권에서 통용될 수 없는 것은 당연한 일이다.

　영미권에서는 SNS 대신 '소셜미디어 social media'라는 용어가 통용된다. 영영사전 《롱맨딕셔너리 *Longman Dictionary*》는 'social media'를 "인터넷, 특히 소셜 네트워킹 사이트를 사용하여 정보, 의견, 이미지, 영상 등을 공유하는 방법"*이라고 풀이한다.

· 홈페이지 ホームページ

'홈페이지 homepage'란 웹브라우저를 실행했을 때 나타나는 첫 번째 페이지를 가리킨다. 반면 우리가 의미하는 '홈페이지'라는 말은 '웹사이트 website'를 가리킨다.

'웹사이트'란 인터넷에서 사용자들이 정보가 필요할 때 언제든 제공할 수 있도록 웹서버에 정보를 저장해놓은 집합체를 말한다.

'홈페이지'란 말도 일본어 'ホームページ(홈페이지)'에서 왔다.

---

* ways of sharing information, opinions, images, videos etc using the Internet, especially social networking sites.

'블라인드 터치 blind touch'라는 말이 있다. 컴퓨터나 워드 프로세서에 키보드로 문자를 입력할 때 손가락 끝의 감각만을 의지해 키를 두드리는 타이핑 기법을 말한다.

그런데 '블라인드'의 영어 'blind'는 '눈이 부자유한'이나 '눈이 보이지 않는'이라는 뜻으로 '시각 장애인'을 가리킨다. 즉 '차별 언어'다. 이러한 차별어는 당연히 사용하지 말아야 한다.

이 말은 'ブラインドタッチ(블라인드터치)'라는 일본식 영어에서 왔다. 일본에서도 차별어 논란이 불거지면서 '블라인드ブラインド'라는 용어를 사용하지 않고 있다.

한편, 우리 사회에는 '블라인드 채용'이란 말이 널리 사용되고 있다. 입사지원자들이 이력서에 차별적 요소로 작용할 수 있는 사항을 기재하지 않고 시험과 면접을 치를 수 있는 채용 방식이다. 이러한 '블라인드 채용'은 우리 사회에서 '불공정한 차별'을 없애고 공정한 채용을 실천하기 위해 시행된다.

그러나 '블라인드'라는 용어 자체가 이미 차별어다. 차별을 없애기 위한 명분을 내세우는 채용 방식에 정작 차별어를 사용하는 현상은 참으로 모순이다.

현재 공공기관에서도 '블라인드 채용'이 널리 흔하게 사용되고 있다. 차별을 없애야 할 공공기관에서 차별어를 사용하는 일은 지양되어야 마땅하다.

멘탈 メンタル

| 강한 멘탈과 추진력이 가장 큰 매력.
| 외국인 관중이 얼마나 답답했으면 볼 위치까지 알려줄까? … '멘탈 탈
   탈 털린' 외야수.

'멘탈이 강하다' '멘탈이 흔들렸다' '멘탈 갑' '강철 멘탈' 등 하루
에도 수차례 '멘탈mental'이라는 말이 사람들 입에 오르내린다.

'멘탈'은 알다시피 영어 'mental'에서 온 말이다. 그런데 'mental'
은 형용사로 '정신의, 정신적인'이라는 뜻이다. 그러므로 우리가 쓰
듯 명사형으로 사용할 수 없다.

한편 '멘탈'이 영어 'mentality'의 줄임말에서 왔다고 여기는 경우
도 있다. 이 또한 오해다. 'mentality'는 '지능'이나 '사고방식'이라는
뜻으로 '멘탈'과는 의미가 전혀 다르다.

일본에서는 "멘탈의 문제", "그는 멘탈을 단련시킬 필요가 있다"*
와 같이 'メンタル(멘탈)'이라는 말이 지나치게 많이 사용된다.

덧붙여, 영어 'mental'은 구어로 '정신병 환자'라는 의미도 있다.
'미치광이'라는 속어로도 쓰이니 진정 '멘탈' 털릴 일이다.

* メンタルな問題.
  彼はメンタルを鍛える必要がある.

멘붕 メンブレ

| "요즘 밀가루 음식점 '멘붕' 상태" … 올해 국제 밀 가격 43% 상승.
| 무더기 '거래 정지' … 쌈짓돈 묶인 개미들 '멘붕'.

'멘붕'이라는 말은 우리 사회에서 이미 오래전 유행어가 되었다. 그만큼 일상적으로 쓰인다. 2012년에는 그해 '최고의 유행어'로 뽑히기도 했다.

모두가 아는 것처럼 '멘붕'은 '멘탈 붕괴'의 줄임말로 '정신이 무너졌다'라는 뜻으로 사용된다. 그런데 바로 이 '멘붕'이라는 말이 일본에서 만들어진 일본식 영어에서 유래됐다.

일본어에는 'メンブレ(멘브레)'라는 말이 있다. 일본식 영어가 으레 그러하듯, 이 말은 'mental'의 줄임말 'men'과 'break(정확히는 breakdown)'의 줄임말 'bre'를 합친 것이다. 일본에서는 이 말을 "'멘브레'의 의미는 '정신붕괴'다"*라고 설명한다.

일본에서 이 말이 생겨난 경위는 불분명하지만, 주로 고등학생들이 트위터나 게시판 등 소셜미디어를 통해 이 말을 사용하다가 퍼져 나간 것으로 알려진다.

---

* 「メンブレ」の意味は「精神崩壊」になります.

피지컬 フィジカル

| 개인 훈련 중인 마네, '미친 피지컬' 과시.
| 기동력+피지컬 ⋯ 남미 특징에 철저하게 당했다.

'피지컬이 좋다'는 말이 흔히 쓰인다. '피지컬physical'도 '멘탈'의 경우와 같다.

영어 'physical'은 형용사로 '육체의, 물질의'라는 뜻이다. 명사 '신체'라는 의미가 전혀 없다. 명사형으로 사용될 때는 '신체검사'라는 뜻으로 쓰인다.

이 역시 일본에서 건너온 '엉터리' 영어다. 일본에서도 'フィジカル(피지컬)'은 "피지컬이 강하다"*와 같이 우리나라에서와 동일한 의미로 사용된다.

'마음을 가다듬어야 한다'나 '정신력을 키우자', '몸을 튼튼하게 하자'와 같이 쉽게 할 수 있는 말을 굳이 '멘탈'이나 '피지컬' 같은 말을 동원해 써야 할까? 그것도 이상한 영어를!

* フィジカルが強い.

센스 センス

감각이 좋은 사람에게 흔히들 '센스 좋다', '센스 있다'라고 한다. 그런데 만약 영미권 사람에게 'You have a good sense'라는 말을 한다면 듣는 사람은 무슨 말인지 도무지 이해하지 못할 것이다.

영어 'sense'는 우리가 알고 있는 '센스sense'와 사뭇 달리 사용된다. 'sense'는 'make sense' 형태로 많이 쓰인다. 'That makes sense'나 'It makes sense'처럼 '이치에 맞다', '이해가 된다'라는 의미로 일상에서 매우 빈번하게 쓰인다. 상대방이 도무지 말이 안 되는 소리를 할 때 쓰는 'You don't make sense'와 같이 'sense'는 주로 '의미'라는 뜻으로 사용된다.

우리가 사용하는 'sense'는 주로 '감각'이라는 뜻이다. 사실 이때에는 'taste'가 더 어울린다. 패션에 감각이 있다면 'taste in fashion', 음악에 감각이 있다면 'taste in music' 그리고 '심미안이 있다'는 표현은 'have a good taste'이다. 상대방의 '감각'이 좋다는 점을 칭찬할 경우에도 'sense'가 아니라 'taste'라는 단어를 사용해 'I love your taste'라고 한다.

우리는 영어 'taste'를 주로 '맛'이라는 의미로 알고 있지만, 실제 'taste'는 영미권에서 '심미안'이나 '취미'의 뜻으로 널리 사용된다.

굳이 'sense'를 쓰려면 'sense of humor', 'sense of rhythm', 'sense of smell'처럼 'sense of ○○○' 형식으로 사용해야 한다. 그러나 이 경우에도 '유머 감각'이라기보다 '유머를 잘하다'라는 뜻에 가깝다.

　최근 '텐션tension'이라는 말이 자주 들린다. TV는 물론 언론 기사에서도 '텐션 업'이나 '텐션 다운'이라는 말을 곧잘 목격할 수 있다.

　그런데 '텐션'이 과연 무슨 뜻일까? '텐션'은 분명 영어 'tension'일 게다. 'tension'은 '긴장'이나 '스트레스'를 뜻하는 간단한 단어다. 그 의미를 좀 더 자세히 살펴보면 '대립', '조급', '긴장 국면', '모순' 등의 뜻도 있다.

　인터넷에서 '텐션'을 검색어로 넣고 조사해보니 뜻밖에도 엄청 많은 기사가 검색되었다. 특히 연예계 관련 소식이 많았다. '텐션'은 주로 기사 제목에 많이 쓰였다. 이를테면, "'사랑의 콜센타' 늦더위 날린 홍텐션"*을 비롯해 "술꾼 3인방 저세상 텐션"** 등이다.

　이 정체불명의 '텐션'이란 말은 도대체 어떻게 생겨났을까?

　일본식 영어인 'ハイテンション(하이 텐션)'은 '기분이나 마음이 흥분되고 들뜬 상태'라는 의미로 쓰인다. 물론 본래 영어의 뜻에서 완전히 벗어난 쓰임이다. '하이 텐션'이란 말도 한국 언론 기사에서 수없이 발견된다.

| "안산은 '노필터' 민낯 일상과 함께 친구들과 '돌고래 고음'도 발사하는

---

*　《스포츠경향》 2021. 9. 17.
**　《스포츠동아》 2021. 9. 17.

하이 텐션으로 '대학생 안산'의 모습을 발산했다."
| 출근길마다 넘치는 텐션으로 화제를 모으고 있는 박하선. 이날 역시 깨
알 같은 포즈와 기분 좋은 하이 텐션으로 현장을 웃음으로 물들였다고
하는데…

영어 'high tension'은 '고압高壓', '고전압高電壓'이라는 뜻이다. 일
본식 영어 '하이 텐션'을 사용해 "You are high tension"이라고 한다
면, 이 문장은 "너는 고전압이구나"라는 엉터리 영어가 되고 만다.
'텐션'은 일본식 영어일 뿐이다.

빅마우스 ビッグマウス

| 기존 정당의 전통적인 역할이 쇠퇴하면서 빅샷 혹은 <u>빅마우스</u>가 상당한
영향력을 발휘하는 것.

'빅마우스big mouth'라는 말을 심심찮게 들을 수 있다. '빅마우스'는
주로 '수다쟁이'라는 뜻으로 사용되는 말이다. 하지만 언론 기사에
서는 주로 '여론을 쉽게 듣고 전달할 수 있는 사람' 또는 '발언에 대
한 영향력이 큰 사람'이라는 뜻으로 쓰인다. 영어 'bigmouth'의 의미
와 전혀 다르다.

《메리엄웹스터사전》은 'bigmouth'를 "목소리가 크고 수다스럽고,
종종 악의적으로 험담하는 사람"*으로 풀이한다. 속어로 '해서는 안
될 것을 말하는 사람'이라는 뜻도 있다. 모두 부정적인 뉘앙스를 풍
긴다. 다만 단순하게 정말 '입이 큰 사람'이라는 뜻도 있다.

일본에서 'ビッグマウス(빅마우스)'는 '큰소리치는 사람'이나 '허풍을
떠는 사람'이라는 뜻으로 사용된다.

| 빅마우스인 것은 좋지만, 말뿐이지 그것을 실행하기 위한 노력을 전혀
하지 않기 때문에 문제라고 생각한다.
<u>ビックマウス</u>なのはいいんだけど, 言うだけでそれを実行するための努力は全く

---

*   a loudmouthed, talkative, and often maliciously gossipy person.

しないから問題になるんだと思う.

　일본어 '빅마우스'도 우리가 쓰는 것과 마찬가지로 사용된다. 즉 영어 'bigmouth'의 본래 뜻과는 다르다. 'bigmouth'를 직역한 '큰 입' 이라는 관념이 투영되어 의미가 변한 것으로 보인다. 여기에 한국에 서는 '큰 입으로 큰 영향력을 가지다'라는 뜻이 더해졌다.

ⒸClipart Library

배리어프리 バリアフリー

| '오징어 게임' 자막도 못 봤나 … 국회 배리어프리 실태.
| 선진국형 배리어프리 도시, 고양시가 하겠습니다.

최근 들어 '배리어프리barrier-free'라는 말을 곧잘 들을 수 있다. '배리어프리'란 일반적으로 장애가 있는 사람이 생활하는 데 있어 장벽barrier이 되는 것을 제거한다는 의미로 사용된다.

'베리어프리'는 영어 'barrier-free'에서 온 말로, 본래 계단이나 턱 등 물리적 장벽을 제거한다는 뜻의 건축 용어다. 넓은 의미에서 '장애인이나 고령자가 설비와 시스템에 대응할 수 있도록 함'을 가리킨다. '배리어프리 건물의 개조'란 건물이나 시설을 장애가 있는 사람이 사용할 수 있도록 개량하는 것을 말한다.

'배리어프리'는 영미권에서 그리 흔하게 사용되지 않는다. 주로 일본, 독일, 핀란드 등 비영어권 국가에서 사용되는 용어다.

일본에서 'バリアフリー(배리어프리)'라는 용어는 "물리적 배리어프리, 제도적 배리어프리, 사회적 배리어프리, 심리적 배리어프리"* 등으로 널리 쓰인다. 이뿐만 아니라 "교통 배리어프리법"**까지 있다.

---

*　物理的バリアフリー, 制度的バリアフリー, 社会的バリアフリー, 心理的バリアフリー など.

**　交通バリアフリー法.

독일에서는 'Barrierefreiheit'라는 용어가 사용된다.

영어에서 'barrier-free'라는 용어는 구체적으로 건물이나 교통수단에서 계단이나 턱을 해소해 휠체어 통행이 가능하게 되는 것, 그리고 휠체어에서 교통수단으로 이용이 가능하게 되는 것을 의미한다.

예를 들어, 'This restaurant is barrier-free'* 라는 영어 문장을 영미권 사람들은 정확히 무슨 의미인지 이해하기 어렵다. 실제 'barrier-free'는 영미권에서 건축 분야 외에 일반인이 잘 사용하지 않는다.

영미권에서는 'barrier-free' 대신 'accessibility'나 'usability' 혹은 'handicapped accessible' 등을 사용한다. 최근에는 '누구나 사용 가능하다'는 사용의 용이성을 강조해 'universal design'이라는 용어가 널리 쓰이는 추세다.

. **슬로프** スロープ

한편, '휠체어 슬로프'나 '장애인 슬로프' 등 '슬로프 slope'라는 말도 종종 들을 수 있다. 여기에서는 'slope'가 아니라 'ramp'가 정확한 영어 표현이다. 역이나 병원에 있는 경사로와 같이 자연 그대로의 경사면이 아니라 '어떤 목적이 있는 경우'에는 'slope' 대신 'ramp'라는 용어가 사용된다.

'슬로프'도 일본식 영어 'スロープ(슬로프)'에서 왔다.

* 　이 레스토랑은 장애가 없다.

슬로라이프 スローライフ

| 순창군, 슬로라이프센터 준공식 개최.
| 슬로시티 담양, 슬로라이프 디자이너 교육과정 운영.

'슬로푸드slow food'란 범람하는 '패스트푸드fast food'에 반대해, 사라질 우려가 있는 전통 식재료와 요리, 질 좋은 음식과 주류, 질 좋은 재료를 공급하는 소생산자를 지키자는 목표를 내걸고 1980년대부터 이탈리아에서 전개돼온 운동이다.

최근 들어 '슬로라이프slow life'라는 말도 적잖게 들린다. '빨리빨리' 생활 방식을 벗어나 모쪼록 여유 있는 마음으로 느긋한 삶을 살자는 좋은 취지다.

그런데 정작 용어가 문제다. '슬로라이프'는 일본이 '슬로푸드'를 모방해 자기식대로 만들어낸 일본식 영어다. 일본에서 'スローライフ (슬로라이프)'는 "슬로라이프란 생활양식, 즉 라이프 스타일의 하나로서 '느긋한 생활'을 제안하는 것이다"*라고 풀이한다. 일본에서는 '슬로라이프 재팬'을 비롯해 '슬로라이프 학회' 등이 만들어져 운영되고 있다.

'슬로라이프'라는 의미의 정확한 영어는 'slow living'이다.

---

* スローライフとは, 生活様式つまりライフスタイルのひとつで「ゆったりした暮らし」を提案するものです.

셰어하우스 シェアハウス

| 셰어하우스라더니 불법 숙박 … 경찰 단속 182건 적발.

최근 '셰어하우스share house'라는 말도 자주 들린다. '셰어하우스'는 '가족이 아닌 사람들이 공간이나 시설 따위를 공동으로 사용하며 같이 사는 집'이라는 의미로 사용된다.

그러나 '셰어하우스'라는 말도 정확한 용어가 아니다. 정확한 용어는 'shared house'다. 공식 용어는 'shared residence'다. 이 말도 일본어 'シェアハウス(셰어하우스)'에서 왔다.

. 세컨드하우스 セカンドハウス

집 이야기가 나온 김에 한 가지 덧붙이자면, 부동산 업계에서 이야기하는 '세컨드하우스second house'라는 말 역시 일본식 영어다. '별장'이라는 뜻으로 사용되는 '세컨드하우스'는 'second home'이 더 부합하는 영어 표현이다. 여름을 보내는 별장이라면 'summer house'라고 한다.

라이벌 ライヴァル

'경쟁상대'라는 의미로 '라이벌rival'이라는 말은《표준국어대사전》에 등재됐을 만큼 익숙하다. 그런데 영어 'rival'은 우리가 사용하는 '라이벌'과 그 의미가 다르다.

영어 'rival'의 어원은 '작은 냇가'를 의미하는 프랑스어 'rivus'의 파생어 'rivalis'다. 이 말이 '같은 수원水源과 수리권水利權을 둘러싸고 다투는 사람들'이라는 뜻에서 "일방만이 가질 수 있는 어떤 것에 도달하거나 획득하기 위해 경쟁하는 사람들"*이라는 뜻으로 발전했다.

따라서 영어의 'rival'은 '적의敵意'를 가지고 항상 대립하는 '숙적'이라는 뜻이다. 우리가 흔히 사용하는 '호적수'라는 의미는 없다. 영어에서는 '라이벌 관계'는 있어도 '좋은 라이벌'이라는 말은 없다.

우리가 사용하는 뜻의 '라이벌'은 영어 'competitor' 즉 '경쟁자'에 가깝다.

'라이벌'이라는 말도 일본어 'ライヴァル(라이벌)'에서 왔다. "우리는 서로 좋은 라이벌이고 좋은 친구이고 싶습니다"**라는 일본어 문장에서 알 수 있듯이, 일본에서 'ライヴァル(라이벌)'이라는 말은 우리와 동일한 의미로 사용된다.

---

*   one of two or more striving to reach or obtain something that only one can possess.

**   私たちはお互いが良きライバルであり, 良き友人でありたいと思ってます.

레퍼토리 レパートリー

'레퍼토리 repertory'라는 말은 '뻔한 레퍼토리', '안티하시는 분들의 레퍼토리는…' 혹은 '여름이 오면 빠지지 않는 아빠의 레퍼토리가 있다. 열 살 때 강물에 빠져 허우적거리던 나를 구해주셨던 이야기' 등 '반복되는 이야기나 줄거리 또는 패턴'이라는 뜻이다.

그런데 정작 원어 'repertory'의 의미는 우리가 사용하는 의미와 사뭇 다르다. 'repertory'라는 영어는 본래 프랑스어 'repertoire'를 기원으로 하는 단어다.

《옥스퍼드사전》에서 뜻을 찾아보면 "일정한 간격으로 극단의 각종 연극, 오페라, 발레 등을 공연하는 것"*이라는 좁은 범주의 의미가 있을 뿐이다.

'레퍼토리'도 일본에서 온 말이다. 일본어 'レパートリー(레퍼토리)'는 "요리의 레퍼토리", "가라오케에서 잘 부를 수 있는 노래", "레퍼토리가 넓다"** 등 우리와 동일한 의미로 쓰인다. 일본에서도 이 말을 본래의 의미에 벗어나 "자신 있게 할 수 있는 범위나 영역이라는 의미의 사용법"***이라고 풀이한다.

---

*   the performance of various plays, operas, or ballets by a company at regular
       short intervals.

**   料理のレパートリー.
       カラオケでよく歌える歌.
       レパートリーが広い.

***   自信もってこなせる範囲・領域という使い方.

스위트룸 スイート・ルーム

| 1박에 2000만 원 … 비쌀수록 잘나가는 <u>스위트룸</u>.
| 평양호텔 <u>스위트룸</u> 하루 숙박비는? … 관광 홍보 나선 北.

호텔 스위트룸suite room은 아마도 많은 사람이 가보고 싶어 하는 곳일 터다. 그리고 '스위트룸'이 'sweet room'이라 생각하고 '감미로운 호텔 스위트룸'을 상상하는 사람이 적지 않을 것이다.

그런데 'sweet room'은 '틀린 말'이다. '스위트'는 영어 'sweet'가 아니고 'suite'라는 단어다. 'suite'는 'a lounge suite'처럼 '가구 등의 한 벌'이라는 뜻으로 호텔에서 거실과 응접실 등이 붙어 있는 침실을 의미한다.

또 '스위트룸'에서 '룸'은 불필요하다. '스위트' 한 단어로 충분하다. 즉, 'hotel suite'가 정확한 말이다.

'스위트룸'도 일본어 'スイート・ルーム(스위트룸)'에서 온 말이다.

| 연인끼리 달콤한 시간을 보내니 '<u>스위트룸</u> 아닌가?'라고 생각한 당신. 안타깝게도 그 생각은 크게 벗어났네요.
恋人同士で甘い時間を過ごすから<u>スイートルーム</u>じゃないの？と思ったそこのあなた. 残念ながらその認識は大きく外れている.

'스위트룸'에 대한 오해는 우리와 똑같다.

키즈카페 キッズカフェ

'키즈카페kids' cafe'란 '아이들이 즐겁게 뛰어놀 수 있는 놀이 시설과 부모가 쉴 수 있는 카페 기능을 함께 갖춘 곳'이라는 뜻으로 사용되는 용어다.

'키즈카페'라고 하면 모두 'kids' cafe'라는 영어가 있다고 생각할 수 있다. 하지만 그런 영어는 없다. '키즈카페'는 일본이 만들어낸 영어 조어로 일본어 'キッズカフェ(키즈카페)'에서 온 말이다.

굳이 '키즈카페'에 부합되는 뜻의 영어 표현을 찾자면 'restaurant with a play area for children' 정도가 될 것이다.

일본에서 'キッズカフェ(키즈카페)'라는 말은 "아이들이 기뻐하고 부모와 아이가 즐기는 전국의 키즈카페를 소개합니다"* 등으로 흔하게 사용된다.

일본 '키즈카페'의 광고글이다.

| 엄마도 아이도 즐길 수 있는 곳. 아이를 놀게 해두면서 엄마도 조금 느긋할 수 있는 장소. 이곳이 키즈카페입니다.

ママも子どもも楽しめる場所. 子どもを遊ばせておきながら, ママは少しゆっくりできる場所. それがキッズカフェです.

---

* 全国にある子供が喜ぶ, 親子で楽しめるキッズカフェをご紹介します.

TPO

| 사람들에게 자기 이미지를 매력적으로 보이게 하려면 TPO를 잘 지켜야
한다.

'TPO'라는 말이 은근히 많이 사용된다. 옷차림(패션)이 시간·장소·
상황에 부합해야 한다는 의미로, 영어 Time·Place·Occasion의 앞글자
를 따서 'TPO'라 한 것이다.

그런데 영미권에는 'TPO'라는 말이 전혀 없다. 물론 통용되지도
않는다. 그도 그럴 것이 'TPO'라는 말은 일본에서 만들어진 용어이
기 때문이다.

도쿄올림픽이 열리기 한 해 전인 1963년, 일본의 유명 패션 브랜드
창설자가 외국 손님이 일본에 대규모로 몰려올 테니 부끄럽지 않도
록 바른 복장을 하자는 취지로 'TPO' 개념을 만들었다고 한다.

쉽게 말해, '때와 장소와 상황에 맞게 옷을 입자'는 말이다. 그 말
을 일본에서 굳이 영어를 사용해 'TPO'라고 한 것이다. 일본인다운
사고방식에 일본 특유의 조어 방식을 그대로 드러내는 대표 사례다.
우리는 그런 일본 용어를 또 충실하게 받아들여 사용하고 있다.

일본에서 'TPO'라는 말은 "TPO를 구별해 복장을 선택합시다"*처
럼 쓰인다.

---

*   TPOをわきまえて服装を選びましょう。

'스파르타sparta'는 '스파르타식 교육'이나 '스파르타식 훈련' 등 매우 힘든 방식으로 교육(또는 훈련)을 시킨다는 뜻으로 사용된다.

그런데 영미권에서 '스파르타'는 우리와 사뭇 다른 의미로 쓰인다. 'spartan'이라는 말은 형용사로 '소박한', '검소한'이라는 뜻이다. 주로 "간소한 생활 방식, 검소한 생활 조건, 소박한 식사"*처럼 생활 태도나 식사 내용을 가리킬 때 사용된다.

다시 말하면, 'spartan'은 '스파르타의 전사戰士처럼 생활하는'이라는 의미다. 필요 이상의 가구를 들이지 않고 필요한 옷만 입으며 맛보다는 효용을 고려해 식사하는 생활 방식을 뜻한다.

《케임브리지사전》은 'spartan'을 "안락함이 없이 간소하고 수수한"**이라고 풀이한다.

'스파르타'도 일본어 'スパルタ(스파르타)'에서 온 말이다. "일본어로 '엄격한 교육방식'을 가리키는 '스파르타식'"***에서처럼 이 말은 우리와 동일하게 사용된다.

---

* spartan way of life, spartan living conditions, spartan meal.
** simple and severe with no comfort.
*** 日本語で「厳格な教育方式」を指していう「スパルタ式」.

'올드보이 old boy' 혹은 'OB'는 재학생이 아니라 졸업생, 현역이 아니라 예전에 근무 혹은 활동했던 사람을 가리키는 말이다.

'올드보이'는 영국에서는 복수형 'old boys'로 '졸업생'이라는 뜻으로 사용된다. 미국에는 아예 그런 말이 없다. 'old boy'의 앞글자만 떼어낸 'OB'라는 표현은 영국에도 없다.

일본에서는 'OB'만이 아니라 'old girl'의 약자로 'OG'라는 일본식 영어까지 사용한다. 그런데 'OG'라는 말을 미국에서 쓰면 큰일 날 수 있다. 미국에서 'OG'는 'original gangster' 우리말로 '원조 깡패', '본토 갱'이라는 무시무시한 의미가 되기 때문이다.

사실, 'old boy'를 직역하면 '나이 든 소년'으로 대단히 어색한 표현이 된다. 특히 미국 남부에서는 'old boy'를 지적 수준이 떨어지는 남성을 가리키는 혐오 표현으로 사용한다. 이래저래 미국에서는 'old boy'라는 말을 쓰면 안 된다.

'졸업생'을 가리키는 영어는 'a graduate of ○○ University'가 정확하다. 이외에도 'alumnus'(단수형), 'alumni'(복수형)가 있다. 이전 근무자나 선수의 경우에는 'former member', 'ex-member'라고 한다.

'OB'는 일본식 영어로 "일본어에서는 졸업생을 OB와 OG라고 합니다"*처럼 사용된다.

---

* 　日本語では卒業生のことをOBやOGと言います.

| 저희가 오늘 기자님한테 제대로 교육도 받고 업무 분담을 하려고 지금
  그냥 러프하게 모였습니다

예문에서처럼 '러프rough'라는 말을 주변에서 자주 듣는다. '러프'
는 보통 '편한'이나 '공식적이지 않은' 정도의 뜻으로 쓰인다.

그런데 '러프'도 일본식 영어다. 일본에서 'ラフ(러프)'는 "러프한 느
낌, 러프한 헤어스타일, 러프한 복장, 이 T셔츠 러프하게 입을 것 같
다!"* 등에서 볼 수 있듯 널리 사용된다.

일본식 영어 'ラフ(러프)'는 '가벼운'이나 '형식을 갖추지 않은' '캐
주얼한' 정도의 뜻으로 긍정적인 뉘앙스를 지녔다.

'러프'라는 말의 원어는 영어 'rough'다. 그러나 정작 영어 'rough'
는 '거친', '무례한', '하등의' 등 부정적 의미가 강한 말이다.

우리 사회에서 현재 사용되는 '러프'라는 말은 원어의 의미를 벗
어나 일본식 영어를 수용한 것이다. 굳이 정확하지도 않은 일본식 영
어 '러프'를 우리가 그대로 사용해야 할까? 더 근본적으로 말하자면,
왜 우리가 이렇게까지 영어를 굳이 섞어 써야 할까? 그것도 '틀린'
영어를.

---

* ラフな感じ, ラフな髪型, ラフな服装, このT-シャツ, ラフに着こなせそう!

핸드메이드 ハンドメイド

| 음식에 맛과 풍미를 더해주는 <u>핸드메이드</u> 오일 레시피.
| 추성훈 딸 추사랑, 오늘은 <u>핸드메이드</u> 빵순이로 … 점점 이뻐지네.

'핸드메이드handmade'는 기계로 만들거나 공장에서 제조한 것이 아니라 사람 손으로 직접 만들었다는 의미로 사용된다.

'핸드메이드'를 영어로 쓰면 'handmade'다. 《케임브리지사전》에는 'handmade'를 "기계가 아니라 손으로 만든"*으로 풀이한다. 흔히 쓰는 '수제手製'라는 말과 별다른 차이가 없어 보인다.

우리는 '핸드메이드'라는 말을 식품에도 사용하는 경우가 많다. 그런데 영미권에서는 'handmade jewelry(수제 보석)'나 'handmade shoes(수제 신발)'처럼 식품보다는 주로 옷이나 가구 같은 물건이나 상품에 'handmade'를 사용한다. 식품이나 요리 분야에는 일반적으로 'homemade'를 쓴다.

따라서, '수제 케이크'는 'homemade cakes'라고 한다. 마찬가지로 '수제 빵'은 'handmade bread'가 아니라 'homemade bread'다.

《케임브리지사전》은 'homemade'를 "집에서 만든, 상점에서 사지 않은"**으로 풀이한다. 또 "프로페셔널하게 만든 것이 아닌, 아마추어

*   made using hands rather than by a machine.
**   made at home and not bought from a shop.

와 같은"*이라는 뜻도 있다. 'This is my homemade jewelry'는 '이것
은 아마추어인 내가 만든 장신구야'라는 의미다.

　'핸드메이드'라는 말도 일본어 'ハンドメイド(핸드메이드)'에서 왔다.
이 말은 "핸드메이드 과자"나 "독창성이 높은 작품일수록 핸드메이
드라고 부를 수 있다"처럼 쓰인다.**

©Clipart Library

*　　not professionally made or done; amateurish.

**　　ハンドメイド菓子.
　　　独創性の高い作品ほどハンドメイドと呼べる.

언밸런스 アンバランス

| 다소 <u>언밸런스</u>하다고 생각할지도 모르겠지만, 주위 환경과 기막힌 조화를 이루고 있다.

영어 'unbalance'는 주로 사람이 정신적으로 불안정하고 불균형한 상태를 표현할 때 사용한다. 그러니 되도록 '언밸런스unbalance'란 말은 사용하지 않는 편이 낫다. 만약, 쓰려면 'unbalanced'라고 정확하게 표현해야 한다.

영미권에서 '정신적 불안정'을 제외한 거의 모든 불균형 상태를 나타낼 때는 'imbalance'라는 말을 쓴다. 특히 'imbalance between supply and demand(수급 불균형)' 등과 같은 추상적 개념의 '불균형'을 나타낼 때 쓴다. 'trade imbalance'에서처럼 명사형의 '불균형'은 거의 'imbalance'를 사용한다.

우리는 '언밸런스'라는 말을 압도적으로 많이 사용한다. 하지만 정작 영미권에서는 정반대로 'imbalance'를 많이 쓴다. 실제 'unbalance'라는 단어는 거의 사용되지 않는다. 'unbalance'라는 영단어가 사라질지도 모른다는 말까지 나올 정도다.

일본에서 'アンバランス(언밸런스)'라는 말은 "작중 인물 분석에 언밸런스가 있다", "영양 섭취가 언밸런스한 식생활"처럼 사용된다.[*]

---

[*] 作中の人物の分析にアンバランスがある.

. **언 매 치** アンマッチ

한편, 음악 분야에서는 '언매치 unmatch'라는 말이 자주 사용된다. '언매치' 역시 정확한 말이 아니다. 'unmatched'가 올바르다.

'언매치'도 일본어 'アンマッチ(언매치)'에서 왔다.

| 원곡의 서정성이 없어졌지만 음악 속에 보컬이 들어가 있다는 측면에서 는 좋았습니다. 다만 발성은 원곡적인 느낌인데 음악만 팝스럽게 해서 <u>언매치</u>가 된 느낌이었습니다.

| 너무 진부한 주제에 비트랑 너무 <u>언매치</u>.

栄養の摂取がアンバランスな食生活.

언밸런스 アンバランス

펫로스 ペットロス

| 광주광역시립도서관이 오는 20일 오후 7시 온라인 줌을 통해 반려동물을 떠나 보내거나 혹은 이별이 가까워진 보호자들을 위해 '펫로스' 강의를 진행한다.

최근 '펫로스pet loss'라는 말도 심심찮게 볼 수 있다. '펫로스'란 '가족처럼 키우던 반려동물이 죽었을 때 반려동물을 키우던 사람이 겪는 슬픔이나 정신적 장애'를 가리킨다. 이러한 현상을 '펫로스신드롬' 혹은 '펫로스증후군'이라고 부른다.

그런데 '펫로스'라는 용어도 일본에서 온 말이다. 일본식 영어에는 특히 '노메이크'나 '노슬립'처럼 앞에 '노no'를 붙이거나 '레벨업'이나 '스킬업', '이미지업'과 같이 뒤에 '업up'을 붙이는 방식 외에도 '로스loss'를 뒤에 붙여 만든 말이 많다.

2016년 브라질 리우데자네이루에서 개최된 리우 올림픽에서 일본이 사상 최대 메달을 획득하는 등 좋은 성적을 올렸다. 리우 올림픽이 끝나 우울하고 상실감이 든다는 뜻으로 'リオロス(리오 로스)'라는 일본식 영어가 만들어졌다.

또 인기 아침 드라마가 끝나자 그 상실감을 뜻하는 '朝ドラロス(아침 드라마 로스)'라는 말도 생겨났다. 심지어 인기 배우 후쿠야마福山가 결혼하는 바람에 그 상실감으로 도무지 일이 손에 잡히지 않는다 하여 '福山 ロス(후쿠야마 로스)'라는 말까지 생겨났다.

이러한 조어 방식으로 반려동물의 죽음으로 인한 상실감을 표현하는 'ペットロス(펫로스)', 'ペットロス症候群(펫로스증후군)'이라는 용어가 만들어졌다.

| 반려동물 떠난 후 '펫로스증후군' 찾아온다면?

'pet loss'와 같은 영어 표현은 영미권에서 일반적으로 사용되지 않는다. 특히 '펫로스증후군'에서 증후군 즉 'syndrome'은 정식 증상으로 진단된 경우에만 적용되는 용어다. 따라서 이 경우에는 슬픔을 나타내는 'grief'나 'depression'이 적절하다.

일본에서도 'ペットロス(펫로스)'는 일본식 영어, 즉 화제영어로 분류한다.

매스게임 マスゲーム

'1988년 서울 올림픽' 하면 '매스게임mass game'이 떠오른다. 아직까지도 많은 사람에게 당시 '매스게임' 장면이 강렬하게 남아 있다.

이 때문인지 '매스게임'은 우리에겐 올림픽을 비롯해 매년 개최되는 전국체육대회 개폐회식 때 행해지는 '집단체조'를 의미하는 말로 인식됐다. 물론 북한에서 엄청난 규모로 행해지는 '집단 무용'도 연상된다.

사실 '매스게임'은 일본에서 만들어진 용어다. 일본에서 처음으로 'マスゲーム(매스게임)'이 출현한 때는 1925년으로 메이지신궁 체육대회에서였다. 당시 대규모의 초등학생과 중·고등학교 학생들을 모아 집단체조를 행했다. 이후 쇼와昭和 일왕 시대에 이르러서는 신도神道와 무도武道를 연상시키는 이른바 '황국주의皇國主義' 체조까지 등장했다. 한마디로 일본 '매스게임'의 본질은 바로 일본 국수주의와 군국주의에 있다.

물론 일제강점기 우리나라에도 '매스게임'이 강제됐다. 유신 정권 때는 박정희 얼굴을 표현하는 매스게임이 유명했다. 박정희의 후계자였던 전두환은 당연히 '매스게임'을 계승했다. 그래서 '88올림픽 매스게임'을 그토록 성대하게 치른 것이다.

'매스게임'을 올바른 영어로는 'massed calisthenics' 혹은 'mass gymnastic display'라고 표기한다.

'한반도에서 가장 높은 산은 백두산이다.' 이 말처럼 '누구나 알고 있는 지식'을 '상식'이라 한다.

우리가 말하는 '상식'은 영어 'common sense'에서 비롯했다. 미국 독립전쟁 당시 토머스 페인의 저서 《상식 *Common Sense*》으로도 우리에게 익히 알려졌다.

그런데 'common sense'는 우리가 아는 '상식'이라는 뜻이 아니다. 'common sense'란 '올바르게 판단하고 실용적이며 합리적인 방식으로 행동할 수 있는 타고난 능력'이다. 즉, 'knowledge'가 아니라 'sense'를 말한다. '지식'이 아니라 어디까지나 '판단력'이나 '능력'을 가리키는 말이다.

이렇게 볼 때, 'common sense'의 적확한 번역어로는 '사려분별'이 적절하다. 우리가 사용하는 '상식'에 적합한 영어는 'common knowledge'다.

일본이 'common sense'를 '常識(상식)'으로 번역했고, 우리가 이 말을 그대로 받아들여 쓰고 있다.

로망 ロマン

'로망roman'은 자동차에 대한 '로망'이라든가 집이나 직업에 대한 '로망' 등 대개 '멋진 꿈', '웅대한 꿈' 또는 '아름다운 꿈 혹은 목표'를 뜻하는 말로 이해된다. '어떤 사람을 향한 연모'란 뜻도 있다.

그러나 영미권에는 그러한 의미의 '로망'이 없다. 영어 'roman'은 단지 '로마 시대에 살았던 사람' 혹은 '로마와 관련된 예술이나 소설 또는 글자체'라는 의미만 있다.

우리에게 익숙한 '로망'은 일본에서 만들어진 일본식 영어다. 'ロマン(로만)'이란 바로 '낭만주의romanticism'에서 '낭만roman'만 떼어내 만든 말이다. 낭만주의는 18세기 말부터 19세기 초까지 유럽에서 유행한 사조다.

일본식 영어 '로만'이 프랑스어 'roman'에서 온 말이라고 생각할 수도 있겠지만, 프랑스어 'roman'에도 '꿈'이나 '낭만'이라는 의미가 없다. 더구나 프랑스어 'roman'의 발음은 '로망'도 '로만'도 아닌 [ʀɔmã]다.

본래 '낭만浪漫'이라는 한자어도 일본에서 만들어진 화제한어이다. 같은 'romanticism'에서 나온 'ロマン'과 '浪漫'이지만 화제영어 'ロマン'이 더 좋은 느낌으로 사용된다. '탈아입구脱亜入欧적인' 일본의 취향이 엿보인다.

'男のロマン(남자의 로망)'이라는 말도 일본에서 널리 사용된다. 우리 사회에도 이 말을 좋아하는 남성이 너무 많다.

로맨티스트 ロマンチスト

| 국민 <u>로맨티스트</u> 최수종.
| 이 시대 마지막 <u>로맨티스트</u>.

'로맨티스트romantist'는 사전에 '성격이나 분위기가 현실적이기보다는 신비롭고 달콤하여 환상적인 데가 있는 사람'이라고 설명되어 있다.

결론부터 말하자면, '로맨티스트'라는 용어는 잘못된 말이다. '로맨티스트'에 해당하는 정확한 영어는 '로맨티시스트romanticist'다. 둘을 비교하면, 전자는 후자에서 발음 '시ci'를 생략해버렸다.

'romanticist'의 정확한 의미는 '로맨티시즘romanticism 즉, 18~19세기 유럽에서 감정의 개방을 주창하면서 흥성한 낭만파에 속하는 인물'이라는 뜻이다.

따라서 우리가 사용하는 '로맨티스트'라는 말은 'romantic'이란 영어를 사용해 'romantic person'으로 표현해야 한다.

갱 ギャング

| '갱들의 천국' 된 아이티 … 25명 살해한 갱단 두목이 총리 행세.

한 신문 기사의 제목이다. '갱'은 영어 'gang'에서 온 말이다. 우리는 이 '갱'이라는 말을 '범죄 집단'이라는 '갱단gang團' 그리고 '범죄 집단의 일원' 두 가지 의미로 모두 사용한다.

본래 'gang'은 '범죄를 일삼는 조직의 무리'라는 뜻의 집합명사로 그 자체로 '갱단'을 의미한다. 반면, 'gangster'가 'a member of the gang' 즉 '갱단의 일원'이라는 뜻이다. '갱 영화'는 'gangster film', 'gangster movie'다.

'갱'도 일본식 영어, 화제영어로 분류된다.

. 린치 リンチ

'린치lynch'라는 말은 알고 보면 끔찍한 말이다. 영어 'lynch'는 '법에 의하지 않고 극단적인 사적 제재로 살인을 하는 행위'를 말한다. 우리가 사용하는 '린치'라는 말은 그런 수준에 이르지 않는 상황에서 사용된다. 우리가 아는 '린치'에 해당하는 영어는 'bullying' 정도가 부합한다. '린치'란 일본식 영어는 사용하지 말아야 한다.

. 아지트 アジト

'아지트agit'는 '조직의 은신처'라는 뜻을 가진 말로 일본식 외래어다. '아지트'라는 말은 과거 박정희 유신 시대나 전두환 군사독재 시대 때 독재정권에 맞서 투쟁하던 시절에 많이 사용됐다.

'아지트'는 본래 러시아어 'агитпункт'에서 유래된 것으로 알려진다. 영어로는 'safe house'나 'hide out'이라고 표현할 수 있다.

. 리베이트リベート

'리베이트rebate'는 우리 사회에서 항상 범죄와 관련되어 좋지 않은 경우에 사용되는 용어다. 그러나 정작 영어 'rebate'는 '세금이나 임대료 등 지불금의 일부 환불'이라는 의미다. 이 말에는 '불법'이나 '뇌물' 같은 나쁜 뜻이 전혀 없다.

'리베이트'라는 말 역시 일본식 영어로, 이에 해당하는 영어는 'kickback'이다.

©Clipart Library

찬스 チャンス

'부모 찬스'를 비롯해 '국가 찬스', '아빠 찬스' 등 '찬스 chance'라는 말이 부쩍 많이 들린다. '찬스'는 대개 '좋은 기회'라는 의미로 사용된다. 그런데 영미권에서는 'chance'보다 'opportunity'를 일반적으로 사용한다.

본래 영어 'chance'의 어원은 라틴어 'cadens'다. 이 말은 '우연히 쓰러지는 것'이라는 뜻이다. 따라서 'chance'는 '우연'이라는 뉘앙스를 지니면서 '우연히 찾아오는 기회'라는 의미가 강하다. 반면 'opportunity'는 '자신이 노력해서 얻는 기회'라는 뉘앙스다.

더구나 'chance'에는 우리가 사용하는 '찬스'처럼 '좋은 기회' 즉 '호기好機'라는 의미만 있는 게 아니다. '나쁜 기회', '위험성 risk'이라는 뜻도 동시에 지닌다. 예를 들어 "규칙적 운동은 심장병의 위험, 리스크를 줄여준다"*에서는 '위험성'이라는 의미로 쓰인다.

또 "오늘은 비가 올 가능성이 적다"**에서처럼 '가능성 possibility'이라는 뜻도 있다. "그것은 20명 가운데 1명일 확률이다"***에서처럼 '확률 probability'이라는 의미도 있다.

'찬스'라는 말도 일본에서 온 말이다. 일본에서 'チャンス(찬스)'는

---

*   Regular exercise lessens the chance of heart disease.

**   There is a small chance it will rain today.

***   That is a one in 20 chance.

'그것은 찬스가 아니야!'*처럼 흔하게 사용된다.

'찬스메이커チャンスメイク'도 잘못 만들어진 일본식 영어고, '원찬스ワンチャン' 역시 마찬가지다. "핀치를 찬스로!"**라는 일본어 문장에서는 '핀치'와 '찬스' 모두 일본식 영어다.

'찬스'라는 일본식 영어를 해결할 좋은 방법이 있다. 바로 '찬스'라는 말을 사용하지 않으면 된다. 대신 '기회'라는 우리말을 쓰면 간단히 해결된다.

우리말 대체어가 없는 경우에는 불가피하게 영어를 사용할 수밖에 없다. 그러나 대체할 수 있는 우리말이 대부분 존재한다.

*   それってチャンスじゃない!
**   ピンチをチャンスに!

프리토킹 フリートーキング

| 수원시는 11일 오후 2시부터 수원시청 중회의실에서 '2030 소통 <u>프리</u>
<u>토킹</u>'을 개최해 청년들의 진솔한 이야기를 청취했다.

'프리토킹 free talking'이라는 말은 일본어 'フリートーキング(프리토킹)'
에서 왔다. 'free talking'이라는 영어 표현은 본래 없다. 우리가 쓰는
'프리토킹'은 영미권에서는 'free talking service'에서처럼 다른 말을
수식할 경우에만 사용될 뿐 일상에서는 거의 사용되지 않는다.

'free talking'은 단순하게 'discussion'이라고 해야 올바른 영어 표
현이 된다. 만약 '방담放談'이라는 의미로 사용한다면 'informal talk',
'잡담'의 의미라면 'chitchat'이 적확하다.

소통을 표방하고는, 잘못된 용어를 사용해 오히려 소통을 방해하
는 꼴은 아닐까. 우리 사회의 2030 청년들을 대상으로 공공기관이 하
는 행사이기 때문에 더욱 아쉽다.

. 오케이 オッケー

'오케이OK'는 잘 알다시피 '좋다'라는 의미로 승낙이나 동의를 표
현하는 말로 통한다. 그런데 실제 영미권에서 'OK'는 구어로서 'not
very good or very bad' 즉 '아주 좋은 것은 아닌, 혹은 아주 나쁜 것
도 아닌'이라는 의미로 통용된다.

'OK'도 일본어 'オッケー(오케)'에서 온 일본식 영어에 속한다.

에스에프 エスエフ

  'SF 소설'과 'SF 영화'에서 'SF'란 영어 'science fiction'의 머리글자를 따서 만들어진 말이다. 그런데 우리가 모르는 사실이 하나 있다. 바로 'SF'라는 말이 미국이나 영국에서 만들어지지 않았다는 점이다.

  'SFエスエフ'는 영어를 마음대로 줄이고 갖가지 방식으로 영어를 조어해온 일본에서 만들어진 일본식 영어, 화제영어다. 그러니 당연하게도 영미권에서는 'SF' 같은 말이 통할 리 없다. 영미권에서는 'sci-fi'라고 한다.

마니아 マニア

  우리 사회에도 여러 '마니아mania'가 있다. 하지만 'mania'는 틀리게 쓰이는 말이다. '마니아'는 '조병躁病', '조광증躁狂症'이나 '광적인 열광의 상태'를 가리키는 용어다. 사람에게 사용되는 'maniac'은 '미치광이'를 뜻한다. 이 역시 병적인 느낌을 지닌 용어다. 공포 영화의 살인마나 사이코패스를 표현할 때 사용된다.

핸섬 ハンサム

| 월드와이드 핸섬.
| TXT, 핸섬한 소년들의 강렬한 눈빛.

  '핸섬handsome'은 우리 사회에서 '멋진 남성'을 가리키는 말로 사용된다. 그런데 이 말도 'ハンサム(핸섬)'에서 온 일본식 영어다. 'ハンサム(핸섬)' 역시 일본에서 남성을 수식하는 경우에만 사용된다.

  '핸섬'의 원어는 물론 영어 'handsome'이다. 그런데 'handsome'은 여성에게도 사용한다. 'a handsome woman'이나 'a handsome woman in her fifties' 등이 바로 그러한 용례다. 'handsome'을 영어 사전에서 찾아보면 "(여성과 관련해) 품위 있게 멋져 보이는 것"*이라는 풀이가 있다.

  게다가 'handsome'은 'a handsome house situated on a large lot'처럼 물건을 수식하는 경우에도 쓰인다. 심지어 'a handsome dog'처럼 동물에도 사용된다.

  'handsome'에는 '멋진'이라는 뜻 이외에도 'substantial', 즉 '상당한(규모)'이라는 의미와, '공손한', '균형이 잘 잡힌'이라는 뜻도 있다.

  'handsome'이라는 영어가 여러 의미를 지니고 있지만, 일본식 영어 '핸섬'은 다른 의미는 사상시킨 채 오직 남성만을 수식하는 '멋

---

*   (of a woman) fine-looking in a dignified way.

진'이라는 뜻으로만 사용한다.

이렇듯 원어가 지니는 여러 의미를 사상시킨 채 오직 특정한 뜻 한 가지로 사용하는 것도 일본식 영어의 중요한 문제점이다.

· 콤플렉스 コンプレックス

'콤플렉스complex'란 용어도 잘못 사용하는 일본식 영어다.

'complex'는 단독으로 사용되기보다 'a guilt'와 결합해 '죄의식'을, 'superiority' 뒤에 붙어 '우월감'을, 'inferiority' 뒤에 붙어 '열등감'을 뜻하는 용어가 된다.

우리가 사용하는 의미의 '콤플렉스'는 이 가운데 '열등감'으로, 'an inferiority complex'가 올바른 표현이다.

· 유니크 ユニーク

동네에 있는 슈퍼마켓에 갔다가 사람들이 나누는 대화 중 '여기 유니크해'라는 말을 우연히 들었다.

영어 'unique'는 '유일한', '다른 사례가 없는'이라는 의미로 사용된다. 그런데 일본에서는 'ユニーク(유니크)'가 '독특한', '뭔가 재미있는', 영어로 말하면 'funny'의 의미로 쓰인다.

우리나라에서도 상당히 많은 사람 사이에서 '유니크'가 일본식 영어 '유니크'의 의미로 사용된다.

글 래 머 *グラマー*

'글래머glamour'는 대단히 잘못 사용되는 말이다. 영어 'glamour'는 우리가 알고 있는 '글래머'와 상당히 다른 의미를 지니는 단어다.

예를 들어, 'She is glamorous'라는 영어 문장은 '그녀는 호화롭다' 혹은 '그녀는 화려하다'는 뜻이다. 마치 할리우드 영화 스타처럼 빛나고 화려하다는 의미다. 당연히 남성에게도 사용된다.

미국 증권가에서는 'glamour stock'이라는 말이 많이 사용된다. '장래성 있는 유망한 주식'이라는 의미다. 심지어 'glamour birds'처럼 새에 쓰기도 한다.

우리가 '글래머'의 뜻으로 오해하는 '육감적인'이라는 의미에 정확히 부합되는 영어 단어는 'voluptuous'다.

많이 오해받는 '글래머'도 일본어 'グラマー(글래머)'에서 왔다. 일본에서도 "그녀는 글래머다"*처럼 우리와 동일한 의미로 사용한다.

1939년 미국에서 발행한 《글래머오브할리우드*Glamour of Hollywood*》라는 잡지가 육체를 강조하는 듯한 사진을 게재했다. 이 잡지가 일본에 들어가 'glamour'의 의미가 일본에서 잘못 '오용'됐다는 설이 있다.

그런데 '글래머'라는 말은 어떻게 생겼을까.

서양 중세 시대에는 'grammar', 즉 문법의 의미가 언어 연구에 국한되지 않고 학습 전반에 포함됐다. 이 무렵 거의 모든 학습은 교육

---

*   彼女はグラマーだ.

받지 않은 대중이 쓰지 않거나 이해하지 못하는 언어로 이루어졌다. 이 때문에 일반적으로 마술과 점성술과 같은 과목이 넓은 의미의 문법에 포함된다고 여겨졌다. 그래서 학자는 보통 사람이 경외하는 대상이었다.

'문법grammar'과 '마법magic' 사이의 이러한 연결은 여러 언어에서 분명하게 나타난다. 18세기에 스코틀랜드에서는 'grammar'가 'glamor'로 바뀌어 '마법의 주문 또는 마법'을 의미했다. 이는 더 확장된 영어 용법으로 바뀌면서 '어려운, 신비롭게 흥미진진한 매력'을 의미했다.*

---

* 《메리엄웹스터사전》의 'glamor 유래' 참조.

볼륨 ボリューム

언론기사에서 가끔씩 '볼륨이 있다'라든가 '볼륨감'이라는 말을 볼 수 있다. 대개 여성의 몸과 관련해 사용되는 말이다.

'볼륨volume'의 원어는 당연히 영어 'volume'이다. 그러나 'volume'에는 우리가 쓰는 '신체적 볼륨'에 해당하는 의미가 전혀 없다. 영어 'volume'에는 책의 1권, 2권을 표시하는 'vol. 1', 'vol. 2'라든가, '라디오 볼륨'에서처럼 소리의 크기 즉 음량을 뜻하거나, 생산량이나 분량·작업량 등 양量이라는 의미가 있을 뿐이다.

우리가 사용하는 '볼륨'은 일본에서 왔다. 일본어 'ボリューム(볼륨)'도 "볼륨이 있다, 볼륨 만점"* 등으로 쓰인다. 결국 'ボリューム(볼륨)'은 원어 'volume'에는 없는 의미를 임의로 부여한 일본식 영어다.

• 볼류미 ボリューミー

일본에는 '볼류미volumy'라는 말도 있다. 그런데 'volumy'라는 영어 단어는 존재하지 않는다. 일본이 자의적으로 'volume'에 'y'를 붙여 존재하지 않는 말을 만들어낸 것이다. 덧붙이자면 'volume'의 형용사는 'voluminous'다.

'볼류미'는 우리 사회에서도 사용된다. '볼류미 아이크림'이나 '볼류미 립스틱' 따위의 말이다. 심지어 기사에서도 볼 수 있다.

---

* ボリュームがある. ボリューム満点.

셀럽 セレブ

| 할리우드 셀럽들의 생일 패션.
| 한남동 셀럽들, 어디에 살까?

'셀럽 celeb'은 '유명인사'라는 뜻의 'celebrity'의 줄임말이다. 줄임말을 좋아하는 일본에서 만들어진 일본식 영어가 한국에도 전해져 사용되는 경우다.

그나마 나행스러운 점은 일본에서는 '셀럽'이 수로 '논 많은 부자'를 지칭하는 데 비해 우리나라에서는 그런 뜻은 빠진 채 사용된다는 사실이다.

ᆞ홈파티 ホームパーティ

언제부터인지 '홈파티 home party'라는 말도 흔히 쓰인다. 그런데 정작 영어에는 'home party'라는 단어가 없다.

'홈파티'도 일본식 영어다. 일본에서 'ホームパーティ(홈파티)'라는 용어는 "환대감을 연출할 수 있는 홈파티의 준비 방법을 전합니다"*라는 말처럼 일상적으로 사용된다.

'house party'가 올바른 영어 표현이다.

---

*   おもてなし感を演出できるホームパーティの準備方法をお伝えします.

힙 ヒップ

'힙hip'이라는 말을 듣게 되면 사람은 모두 '엉덩이'라고 생각한다. 그러나 그것은 오해다. 'hip'은 '엉덩이'가 아니라 그 바로 위쪽 허리 잘록한 부분부터 허리뼈가 가장 큰 부분까지의 범주를 가리킨다. '고관절'이라고 부르는 바로 그 부분이다.

우리가 그동안 'hip'으로 알던 '엉덩이'의 정확한 영어 표현은 'buttocks' 혹은 'butt'다.

믿기 어려울 것이다. 시험 삼아 구글 이미지 검색에서 'hands on hips'라고 검색하면 '엉덩이'에 손을 대고 있는 사람은 전혀 나오지 않고, 모두 허리의 잘록한 부분 조금 아래에 양손을 대고 있는 사람들의 모습만 볼 수 있다.

미국의 권위 있는 《콜린스사전Collins Dictionary》에서 'buttocks'를 찾아보면 "앉을 때 (사용하는) 신체의 둥글고 살집이 있는 두 부분"*이라고 풀이한다. '엉덩이'를 말한다.

일본에서도 'hip(ヒップ)'이 일본식 영어라는 점을 인정하면서 'hip'이 잘못 설명되어온 점을 밝히고 있다.

| 엉덩이의 '복숭아' 부분이 아니고, 사타구니와 허리의 굴곡 있는 곳 waist) 사이의 측면이 'hip'다.

---

* Your buttocks are the two rounded fleshy parts of your body that you sit on.

お尻の「桃」の部分ではなくて, 足の付け根と腰のくびれているところ（waist）の間の側面が "hip" です.

우리가 알던 'hip'은 'hip'이 아니었다. 이 사실은 실로 배신감마저 느낄 만큼 당황스럽지 않을 수 없다.

그렇다면 그동안 왜 우리들은 이렇게 생각하고 있었을까? 구한말 때부터 한국은 줄곧 일본을 통해 '서양'을 '습득'해왔다. 영어 역시 마찬가지였다. 유감스럽게도 지금도 이 관행은 이어진다.

코디 コーデ

계절이 바뀔 때면 계절에 맞게 '○○ 코디'라는 말이 들린다. '코디 coordi'는 '몸에 걸치는 옷, 신발, 장신구나 화장 등을 전체적으로 조화롭고 아름답게 꾸미는 일'이라는 뜻으로 쓰이는 용어다. '코디네이트'라는 말도 같은 뜻으로 사용된다.

'코디'는 영어 'coordinate'의 줄임말이다. 'coordinate'는 '동등의', '등위等位의', '다양한 요소를 조정하고 준비하다'는 뜻이다. 의미를 보면 최소한 우리가 사용하는 뜻과는 다르다. 더구나 명사가 아니기 때문에 단독으로 사용할 수 없다.

우리가 쓰는 '코디'를 뜻하는 올바른 영어 표현은 'outfit'이다. 의상이나 복장 전체를 가리키는 말이다.

한편, 연예인 의상을 관리하는 사람도 '코디'라고 칭한다. '스타일리스트'라고도 하는데, 본래 '스타일리스트stylist'는 '문장의 문체를 특별히 전문으로 하는 사람' 즉 '미문가美文家'나 '명문가名文家'를 의미하는 용어였다.

현대 미국에서 이 말은 '의류 기업에서 계절별로 패션 기획의 방향성을 조정하는 사람'을 가리킨다. 따라서 연예인 의상을 담당하는 '스타일리스트'는 '드레서dresser'라는 표현이 더 적합하다. '패션 코디네이터fashion coordinator'라는 용어도 있다. 미국에서 이 말은 전체 패션 디자인 부서를 총괄하는 사람을 가리키며 '패션 디렉터fashion director'로도 지칭된다.

· 브랜드백 ブランドバッグ

'명품 백'을 뜻하는 '브랜드 가방' 혹은 '브랜드백brand bag'도 일본식 영어다. 'designer purse'가 올바른 표현이다.

· 가디건 カーディガン

'가디건cardigan'도 일본식 영어로, 발음과 표기 모두 '카디건'이 올바르다.

· 리폼 リフォーム

'명품 리폼'이나 '청바지 리폼' 등 '리폼reform'은 '낡거나 오래된 물건이나 주택, 옷 등을 새롭게 고치는 것'이라는 의미다. 그러나 이 말도 일본어 'リフォーム(리폼)'에서 왔다.

영미권에서 'reform'을 한다고 하면 일반인들은 대개 존경심을 표할 것이다. 왜냐하면 'reform'은 '사회나 국가를 개혁하다'는 의미이기 때문이다. 우리가 쓰는 의미의 '리폼'에 해당하는 올바른 영어는 'renovate'다.

· 베스트 드레서 ベストドレッサー

'베스트 드레서best dresser'라는 말을 흔히 들을 수 있지만, 이 말 역시 일본식 영어다. 'best dresser'는 '가장 좋은 화장대'라는 뜻이다. 우리가 알고 있는 '베스트 드레서'를 올바른 영어로 표현하면 'best dressed person'이다.

와이셔츠 ワイシャツ

'와이셔츠white shirt'는 우리가 매일 아무 생각 없이 쓰는 말이다. 왜 하필 이름이 '와이셔츠'일까에 대해 단 한 번이라도 생각해본 사람은 별로 없을 듯하다.

옷 모양이 'Y'자라서 '와이셔츠'라고 했을까? 사실 옷 모양이 'Y' 자도 아니다. 아무리 생각해봐도 요령부득의 이름이 아닐 수 없다. '와이셔츠'라는 이 말은 과연 어떻게 만들어졌을까?

알고 보면, '와이셔츠'는 정말 어이가 없는 말이다. 바로 'white shirt'의 'white'를 일본에서 그대로 발음하지 않고 '와이'로 멋대로 줄여 발음한 탓에 '와이셔츠'라는 이름을 붙인 것이다.

일본에서 'ワイシャツ(와이셔츠)' 혹은 'Yシャツ(Y셔츠)'라는 말은 우리와 똑같은 의미로 쓰인다. 그리고 우리는 그것을 그대로 받아들여 사용한다. 'white'를 '와이'로 막무가내로 줄여 쓰는 일도 창피하지만, 내막도 모르고 그대로 받아들여 사용하는 건 더 부끄러운 일이다. 단순히 '셔츠shirt'나 '드레스셔츠dress shirt'가 올바른 영어 표현이다.

· 원피스 ワンピース

'원피스one-piece'도 많이 쓰이는 말이지만, 이 역시 잘못된 일본식 영어다. 상하복이 하나로 연결되어 있다는 뜻으로 일본에서 자기들 생각대로 만든 조어다. 당연히 영미권에서 통하지 않는다. 그냥 '드레스dress'라고 하면 된다.

'투피스two-piece'도 일본식 영어다. 영어로는 'two-piece suit'라고 해야 한다.

· 잠바 ジャンパー

그런가 하면, '잠바'나 '파카'도 일본에서 들어온 잘못된 말이다. '잠바'는 특히 발음이 취약한 데서 생긴 일본식 영어다. 이에 해당하는 영어 '점퍼jumper'는 미국에서 주로 '여성용의 소매가 없는 옷'을 지칭한다. '재킷jacket'이 올바른 표현이다. '파카パーカ'는 에스키모인이 입는 매우 두꺼운 코트로 'hoodie'라는 용어를 사용해야 한다.

난닝구 ランニング

　우리에게 '저렴한' 느낌을 풍기는 일본식 영어에는 대표적으로 '난닝구'가 있다. 영어 'running shirts'에서 'shirts' 부분을 뺀 말이 '난닝구'다. '난닝구'는 정치적으로 비하하는 멸칭蔑稱으로 사용된 적도 있다.

‧ 빵꾸 パンク

　또 '타이어가 빵꾸 났다'에서 '빵꾸'란 말도 일본식 영어다. 영어 'puncture'에서 비롯한 말인데, 사실 이 말은 영국에서는 '바늘 같은 날카로운 물건에 의해 타이어에 생긴 조그만 구멍'이라는 의미로 쓰일 뿐이다. 미국에서는 이 말을 사용하지 않는다. 'flat'이 일반적으로 사용되는 영어 표현이다.

　'빵꾸'는 'puncture'의 뒷부분을 생략한 말이다. 'punk' 역시 '시시한 놈'이나 '쓸모없는'이라는 뜻의 속어일 뿐 '빵구'와 관련이 없다.

‧ 뻥끼 ペンキ

　'뻥끼'도 일본식 영어다. '페인트paint를 칠하다'의 'paint'가 올바른 영어다.

‧ 빠꾸 バック

　'빠꾸' 역시 영어 'back'을 일본식 발음으로 읽어 만든 말이고, '노

빠꾸'는 이에서 파생된 말이다.

.　**오바** オーバー

　‘오바했다’의 ‘오바’도 영어 ‘over’에서 온 ‘틀린’ 일본말이다. 일본에서 ‘オーバー(오바)’는 “오바입니다”, “이것은 오바네요”처럼 흔히 사용된다.*

*　　オーバーだよ.
　　　それはオーバーだよ.

숏컷 ショートカット

| 내 인생 첫 숏컷.
| 숏컷을 하면 생기는 일.

도쿄올림픽 3관왕 안산 선수의 '숏컷short cut'이 이슈가 된 적이 있었다. '숏컷'은 단발 머리 형태를 가리키는 말이다.

사실 논란이 돼야 할 것은 '숏컷'이라는 말 자체다. 잘못 만들어진 일본식 영어이기 때문이다. 올바른 영어 표현은 'short hair'나 'short haircut'이다. 영어 'short cut'은 '지름길'이라는 뜻이다.

・올백 オールバック

'올백all back' 머리도 심심찮게 들을 수 있는 말이다. 가르마를 가르지 않고 머리 전체를 뒤로 쓸어넘기는 모양을 가리킨다. 하지만 '올백'도 잘못된 말로 'slicked-back hair'라고 해야 한다.

・파마 パーマ

'파마' 역시 마찬가지다. 'permanent wave'가 정확한 영어 표현이다. 'permanent'나 줄임말인 'perm'이 일반적으로 사용된다.

・매니큐어 マニキュア

'매니큐어manicure'가 '손톱을 손질하는 직업'으로 통할 때가 있다.

하지만 'manicure'는 '매니큐어를 칠하다'라는 동사로 '손톱을 손질하는 일'은 'nail polish'라고 해야 한다.

▪ 하이힐 ハイヒール

'하이힐 high heel'도 일본식 영어에 속한다. 일본에서 'ハイヒール(하이힐)'은 널리 쓰이는 말이다. 'high-heeled shoes'가 정확한 영어다. 다만 구어로는 'high heels'도 가능하다. 물론 신발이 두 짝이므로 복수형이어야 한다.

▪ 클렌징 クレンジング

화상을 지우는 데 사용하는 '클렌징 cleansing'노 문제 있는 말이다. 영어 'cleansing'은 'cleanse'의 동명사형으로 단지 '씻어내는 동작'을 의미할 뿐 단독으로 사용할 수 없다. 명사형으로 'cleanser'라고 하거나 아니면 'cleansing oil'이나 'cleansing gel'이라고 해야 올바르다. '클렌징'도 일본어 'クレンジング(클렌징)'에서 온 일본식 영어.

▪ 선크림 サンクリーム

'선크림 sun cream'도 일본식 영어다. 'sunscreen'이라고 해야 한다.

▪ 액세서리 アクセサリー

'액세서리 accessory'라는 말은 우리 사회에서 주로 '보석류 등 몸치장을 위한 장신구'라는 뜻으로 사용된다. '액세서리'라는 말은 일본어 'アクセサリー(악세서리)'에서 왔다.

그런데 원어 'accessory'는 우리가 사용하는 의미와 상당히 다르게 쓰인다. 본래 'accessory'란 '그 자체로는 필수적이지 않으나 다른 필요성이나 효과를 위한 부속물'이라는 뜻이다. '범죄 조력자'라는 무서운 뜻도 있다.

'accessory'가 '부속물'이라는 뜻으로 사용되는 경우에도 우리가 쓰는 용법보다 범위가 훨씬 넓게 사용된다. 장갑이나 스카프, 벨트, 시계, 가방도 'accessroy'에 포함된다. 나아가 자동차나 가전제품, 컴퓨터 등의 주변기기까지 포괄한다.

영미권에서 반지, 목걸이, 브로치 등 보석류의 장신구에 대해서는 일반적으로 'jewelry'라는 말을 쓴다.

일본과 영어

2017년 TOEFL iBT라는 테스트(미국과 영국 주요 대학 및 대학원 입학에 필요한 영어 능력 판정 테스트)에서 아시아의 29개 국가 가운데 일본은 아프가니스탄과 동률인 26위에 그쳤다(한국은 11위, 중국은 18위였다). 일본 뒤에 있는 나라는 라오스와 타지키스탄이었다.

일상 대화에 영어를 절반 가까이 섞어 쓰고, 더구나 영어 학습에 엄청난 비용을 지출하는 일본이 도리어 이처럼 영어 능력이 낮은 까닭은 바로 일본식 영어, 즉 화제영어가 일본 사회에 만연해서가 아닐까. 모르긴 몰라도 중요한 원인 가운데 하나라는 점은 분명하다.

| 장점만 모아모아, 세련된 디자인의 '바디백'.
| 가죽으로 만들어진 바디백은 발랄함과 고급스러움을 동시에 자아내 따뜻한 봄 날씨에 특히 인기가 좋다.

'바디백body bag'은 '고급 바디백'이니 '체크 바디백' 등으로 흔히 쓰인다. '바디백'은 '손에 들지 않고 몸에 비스듬히 매는 작은 가방'이라는 뜻이다.

그런데 영어 'bodybag'은 상당히 무서운 말이다. 《메리엄웹스터사전》에서 'bodybag'을 찾아보면 "특별히 운송을 위해 사람의 시체를 넣는 (고무나 비닐의) 큰 지퍼 백"*으로 풀이한다.

가령 미국에서 'I want a body bag'이라고 말할 경우, 자칫 범죄자로 몰릴 수 있다. 미국인이 이 말을 듣는다면, 억울하게 살해당한 사람의 시체를 경찰관이 검은 지퍼백에 넣는 '으스스한' 드라마 장면을 연상할 것이다. 그 검은 지퍼백이 'bodybag'이기 때문이다.

'바디백' 역시 일본어 'バーディーバック(바디백)'에서 온 일본식 화제 영어다.

우리가 사용하는 '바디백'의 정확한 영어 표현은 'chest sling bag'

---

*   a large zippered bag (as of rubber or vinyl) in which a human corpse is placed especially for transportation.

이나 'crossbody bag'이다. 물론 우리나라에서도 '크로스 바디백'이라는 용어를 사용하고는 있다. 하지만 자세히 살펴보면 'crossbody bag' 즉 '크로스바디 백'이 아니라 '크로스 바디백'이다. 잘못 사용하는 것이다.

선글라스 サングラス

| 태양이 따갑게 작열하는 요즘 같은 계절, 거리에서 '선글라스'를 쓴 사
람들을 자주 보게 된다.

'선글라스sunglass'는 엄격히 말해서 '틀린 말'이다. 'sunglass'가 아
니라 복수형 'sunglasses'가 맞다. 두 눈에 착용하는 '렌즈들'이기 때
문에 복수형이다.

수영할 때나 스키를 탈 때 쓰는 '고글goggle'도 복수형 'goggles'라
고 해야 올바르다.

단수냐 복수냐가 왜 중요하냐고 반문할 수 있다. 그러나 영어에서
는 단수와 복수가 매우 중요하다. 단수형과 복수형은 사용 방식이 틀
리면 대화가 부자연스러워지고 오해가 발생해 결국 소통에 방해가
된다. 우리에게는 사소해 보이는 정관사 'the'나 부정관사 'a', 'an'
도 마찬가지다.

단수형 'glass'가 통하는 경우가 있다. 예를 들어 'I need a glass for
my wine'이라는 영어 문장에서 단수형 'glass'는 와인 잔 유리컵 하
나를 의미한다.

· 콘택트렌즈 コンタクトレンズ

우리가 흔히 사용하는 '콘택트렌즈contact lense'라는 말도 '선글라
스'의 경우처럼 'contact lenses'라고 복수형으로 써야 정확하다.

. **이어링** イヤリング, **헤드폰** ヘッドホン

'이어링 earing'도 마찬가지로 복수형 'earings'로, '헤드폰 headphone'이나 '이어폰 earphone' 역시 모두 복수형 'headphones'와 'earphones'로 써야 한다.

선글라스 サングラス

위드 코로나 ウィズコロナ

'위드 코로나with Corona'라는 말은 이제 너무 익숙하다. '위드 코로나'는 물론 'with Corona'라는 영어에서 온 말이다. 이 용어는 코비드-19 감염병이 워낙 확산되었고 게다가 완전한 해결 방법이 없기 때문에 코비드-19 감염병이 상시적으로 존재하는 상황을 감수해야 한다는 취지에서 만들어졌다.

그런데 'with Corona'는 잘못된 말이자 틀린 영어다. 'coexist with COVID-19'가 올바른 용어다. 일부에서는 왜 '콩글리시'를 쓰느냐라는 문제 제기도 있었으나, '위드 코로나ウィズコロナ'는 콩글리시가 아니다. 이 말도 일본식 영어다.

'위드 코로나'와 같은 말은 일본 정부가 만들었다는 점에서 '관제官製 화제영어'라고 지칭한다.

그런데 정작 일본에서조차 '위드 코로나'라는 용어가, 부정적인 느낌을 없애고 어떻게든 긍정적인 느낌을 조장하려는 의도에서 비롯했다는 비판이 적지 않다. 문제의 본질을 회피하고 나아가 왜곡시키며 호도한다는 측면이 있다는 점에서, 이른바 우민화 정책으로 평가할 수도 있다.

사실 '코로나19'라는 용어부터 문제다. '코로나19'는 국제 표준용어가 아니다. 세계보건기구WHO는 2020년 2월 'COVID-19'를 공식 명칭으로 사용하기로 결정했다. 이는 'Corona Virus Disease 2019'의 줄임말로 '19'는 이 바이러스가 처음 발견된 해인 2019년을 말한다.

일본 역시 '코비드-19'라는 용어를 사용하지 않고 'コロナ(코로나)'라는 말을 사용한다. 우리나라 방역 당국은 "영어식 이름이 긴 편이기 때문에 정부 차원에서 한글 표현을 별도로 정하기로 했다"*고 한다.

하지만 '코비드-19'보다 '코로나19'가 특별히 더 쉬운 말도 아니고, 더구나 '코비드-19'나 '코로나19' 모두 신조어다. 따라서 굳이 국제 표준용어인 '코비드-19'를 버리고 '코로나19'라는 용어에 집착할 필요가 없다.

'위드 코로나'와 관련해 일본에서는 '애프터 코로나 after Corona'란 용어도 출현했다. 이 말도 우리 사회 일각에서 사용되었다.

'위드 코로나'라는 말은 지금 한국 사회에서도 공식 용어로 사용된다. 어떤 특정 질병에 대해 국제 표준용어와는 다른 용어를 사용하는 일은 적지 않은 혼란을 야기할 수밖에 없다. 이러한 혼란은 결국 정보에 대한 대중의 이해 수준을 크게 떨어뜨리는 결과를 초래한다.

---

* 〈정부는 '코비드-19' 대신 왜 '코로나19'로 정했을까〉, 《한겨레신문》, 2020. 2. 12.

위드아웃 코로나 ウィズアウトコロナ

| 경제적으로 여유 있는 어른들은 '위드 코로나'의 혜택과 '<u>위드아웃 코</u>
<u>로나</u>'의 혜택이 겹쳐진 일상으로 복귀하고 있다.

'위드 코로나with Corona'라는 말에 이어 '위드아웃 코로나without Corona'라는 말까지 나왔다. 영어 표현 그대로 '코로나가 없는'이라는 의미다.

'위드 코로나'라는 말은 2020년 5월 29일 일본 도쿄 도지사 고이케 유리코小池百合子의 '위드 코로나 선언ウィズコロナ宣言'으로 공식화된 용어다.

고이케 유리코 도지사는 일상 대화에서 영어를 섞어 사용하는 일본인 중에서도 영어 사용 빈도가 특히 많은 정치인이다. 이집트 카이로 대학 출신인 그는 '위드 코로나' 외에도 적지 않은 일본식 영어를 제조한 장본인이기도 하다. 그가 한 발언을 하나 소개해본다.

| 이를 위해서도 safe city(안전 도시), diversity(다양성, 즉 다양성 수용 사회), smart city(환경배려형 도시)의 세 가지 시티city를 실현하고 도쿄의 과제 해결과 성장 창출에 임해가겠습니다.

そのためにも，「セーフ シティ（safe city：安全都市）」「ダイバーシティ（diversity：多様性≒多様性受容社会）」「スマートシティ（smart city：環境配慮型都市）」の3つのシティ（city：都市）を実現し，東京の課題解決と成長創出に取り組んでまいります。

이쯤 되면 가히 '언어유희'의 차원이다.

2020년 12월 10일, 고이케 유리코 도지사는 '위드아웃 코로나 ウィズアウトコロナ'를 말한다.

| 위드 코로나의 신년보다는 위드아웃 코로나의 신년을 맞이하고 싶다.
　ウィズコロナの新年よりは, ウィズアウトコロナの新年を迎えたい.

이렇게 해서 '위드아웃 코로나'라는 일본식 영어가 또 '탄생'했다. 이 말은 어느새 한국에서도 사용된다.

사회적 거리두기 ソーシャル.ディスタンス

　장기화되는 코비드-19 사태로 '사회적 거리두기 social distance'라는 용어는 우리 모두에게 너무나 익숙한 말이 되었다. '사회적 거리두기'라는 말은 'social distance'라는 영어로 알려졌다.

　영어 'social distance'는 본래 사회학 용어로 '심리적 거리'라는 뉘앙스를 지닌다. 《메리엄웹스터사전》은 'social distance'를 "개인, 특히 다른 사회집단(예를 들어, 인종, 민족, 계급 혹은 성별)에 속한 사람들 간의 사회적 상호작용을 수용하거나 거부하는 정도"*라고 풀이한다.

　그런데 '소셜 디스턴스'라는 말은 일본어 'ソーシャル·ディスタンス(소셜 디스탄스)'에서 온 일본식 영어다. 영어로는 'social distance'가 아니라 'social distancing'이다. 세계보건기구가 공식적으로 사용하는 용어도 'social distancing'이었다.

　'social distancing'이라는 용어는 범세계적으로 문제 제기가 잇달았다. 일찍이 아리스토텔레스도 "인간이란 본질적으로 사회적 동물이다"라고 갈파했듯이, 사회적 상호작용이란 인간 생존의 필수 부분이다. 그러므로 'social distancing'이라는 용어는 다른 사람과의 '사회적' 관계를 바꿔야 하고, 특히 '가족 등 사랑하는 사람과도 정서적으로 거리를 둬야 하는가'라는 오해를 불러일으키기도 했다.

---

*　the degree of acceptance or rejection of social interaction between individuals and especially those belonging to different social groups (such as those based on race, ethnicity, class, or gender).

결국 세계보건기구는 2020년 3월 20일 'social distancing' 대신 'physical distancing'으로 용어를 변경했다. 여기에서 'physical'이란 'relating to the body as opposed to the mind' 즉 '마음이 아니라 신체와 관련된 것'으로서 '물리적'이라는 뜻이다.

기존의 '사회적 거리두기' 대신 '물리적 거리두기'로 용어를 변경한 것이다. '물리적 거리두기'를 실행함으로써 사랑하는 사람들과 사회적으로 정서적으로 계속 연결될 수 있다는 의미다.

생각+

공포

법률 '공포promulgation'와 '관보발행publication'은 상이한 개념이다.

프랑스 헌법 제10조는 "대통령은 최종적으로 승인되어 정부에 이송된 법안을 이송일로부터 15일 이내에 공포promulgue한다"고 규정한다.

독일 헌법 제82조는 "이 기본법의 조항에 따라 성립된 법률은 부서 후 연방대통령이 서명ausgefertigung하고 연방법률공보에 공고verkündung된다"고 규정한다.

이탈리아 헌법은 "법률은 의회의 승인 후 1개월 내에 대통령이 공포한다. 법률은 공포 후 즉시 공고하고, 공고 15일 후에 효력을 발생한다"고 규정한다.

벨기에 헌법 제109조는 "국왕은 법률을 서명·공포한다sanctions and promulgates"라고 규정할 때 'promulgate'라는 용어를 명기한다.

중국의 입법법立法法 제52조는 "법률의 서명 공포 후 적시에 전국인민대표대회 상무위원회 공보 및 전국적으로 배포되는 신문에 게재한다"고 규정한다.

우리 법률과 비슷한 듯하지만 결국 다 다르다. 모두 법률의 '공포'와 '게재(발행)'가 상이한 개념이며, 법률의 '공포' 행위가 발생한 연후에 비로소 공보에 '게재(발행)' 즉 '공표'한다는 사실을 알려준다.

세계에서 맨 처음 법률상 '공포'의 개념과 규정을 발전시킨 프랑스의 법률사전에는 "공표publication란 공표절차가 실행되는 행위이다. 법률 또는 법적 고지의 발행이 게재되는 공보 또는 신문은 출판물publication이라고 칭해진다"라고 규정한다. 또한 '공포'의 법률상 개념에 대해서는 "프랑스 공화국 대통령은 법률이 정부에 이송된 후 15일 이내에 공포한다. 공포는 법률의 합법적인 탄생을 확인하는 행위이다(Arnauld Salvini, 2003:29)"라고 명백하게 규정한다.

본래 '공포promulgation'의 법률적 의미는 '관보발행'이 아니라 바로 대통령 혹은 국가수반의 법률 서명 절차를 가리키며 법률을 성립(확정)시키는 행위다. 따라서 '공포'란 관보발행을 의미하는 publication(출판)과는 분명 상이한 개념이다.

이 점에 대해《가톨릭백과사전Catholic Encyclopedia》은 "법률의 공포는 법률의 출판과 혼동되어서는 안 된다. 법률 공포의 목적은 입법자의 의지를 알리는 것인 반면, 법률의 출판은 법률을 준수할 의무가 있는 당사자들에게 제정된 법률에 관한 지식을 전파하기 위한 것이다"라고 설명한다.

법률이 정상적으로 만들어졌음을 확인하는 행위와 법령을 일반 대중에게 알리는 표시행위는 구별되어야 한다. 확인행위를 독일법에서는 Ausfertigung이라 하고 프랑스법에서는 promulgation이라 한다. 표시행위를 독일법에서는 Verkündigung이라 하고 프랑스법에서는 publication이라 한다. 확인행위는 법령을 완성하는 데 필요한 법적 행위로서 특정 법령이 정상적으로 만들어졌음을 인증하는 행위고, 표시행위는 시민에게 법령의 존재를 알리는 행위다.

근대에 이르기까지는 왕이나 황제 등 국가수반이 법률을 반포, 즉 공포하는 행위만으로 법률은 이미 충분히 그 법적 효력을 발생시킬 수 있었다. 그러나 근대 이후 인쇄와 출판이라는 수단이 마련된 뒤부터는 법률의 효력 발생 시점을 법률을 출판·발행해 국민이 법률 공포 사실을 인지한 때로부터 적용한다.

프랑스에서도 근대에 이르기까지 법률공포 행위만으로 법률은 이미 충분히 효력을 발생할 수 있었다. 이를테면 황제 나폴레옹의 서명과 동시에 법률의 효력이 발생했다. 하지만 근대 이후에 법률의 공포 사실을 수범자 受範者인 국민에게 널리 알려야 한다는 근대 민주법치주의의 기본 정신을 살리기 위해 법률의 효력 발생 요건을 '국민이 법률 공포 사실을 인지한 시점'부터 적용해 '출판일자'라는 개념이 만들어졌다.

우리나라에서 실종돼버린 법률 '서명일자'

법률에는 중요한 일자가 두 개 있다. 하나는 법률이 언제 만들어졌는가, 즉 언제 탄생했는가를 가리키는 법률 출생일자다. 독일, 프랑스를 비롯해 미국, 스페인, 러시아 등 서방 모든 국가의 법률은 "○○○○년 ○○월 ○○일의 「□□□□ 법률」"이라고 칭해진다. 여기에 기록되는 일자는 이른바 법률일자로서 법률공포권자가 법률에 서명한 서명일자와 동일하다. 우리식으로 말하면 법률의 생일을 가리키며, 이 일자가 바로 공포일자다.

다른 일자는 법률을 관보에 게재한 발행(출판)일자다. 원래 출판인쇄가 없었을 때는 이 일자가 존재하지 않았다. 그러다 대중에게 법률이 만들어진 사실을 '출판'을 통해 알리는 절차가 중요해지면서 발행일자가 의미를 지니게 되었다.

현재 우리나라에서는 특정 법률을 지칭할 경우 일반적으로 앞뒤의 일자와 번호는 언급하지 않은 채 「□□□□ 법률」이라고만 부른다. 따라서 우리 법률에는 법률이 언제 만들어졌는지(출생일자)를 알 방도가 없다. 마치 아이가 태어났을 때 출생신고를 동사무소에 하는데, 신고일자만 남고 정작 출생일자는 없어져버린 셈이다.

생각+

'법률공포'라는 확인행위는 확인권자가 대상 법령에 서명하고 그 날짜를 기재하는 행위로 구성된다. 그러나 우리나라에서는 세계에서 보편적으로 운용되는 '법률 서명일자'가 실종되고 말았다. 국회에서 이송되어온 법률안을 대통령이 서명하면서 관보 발행일자와 혼선하지 않게 한다는 이유 탓에 정작 서명일자를 쓰지 않는다. 그 대신 이후 관보를 발행할 때 발행일자를 대통령 서명 아래에 쓰는 것을 관행으로 한다.

사실 일반인이 차용증을 서로 주고받을 때나 부동산 계약서를 작성할 때도 반드시 일자를 쓰고 난 뒤 비로소 서명이나 날인을 한다. 만약 여기에 일자가 없다면 계약 자체가 무효가 될 수밖에 없을 만큼 일자는 매우 중요하다. 그런데 대통령이 법률에 서명하는 절차에서 일반적인 문서 작성에도 적용되는 기본요선을 갖추지 않는다. 일종의 '가假서명' 상태로 시행되는 꼴이다. 이는 문서 성립의 완결성 자체에도 커다란 하자다. 특히 이러한 '하자'가 국가 최고수반인 대통령이 국가 제도의 근간인 법률을 확정하기 위해 서명하는 절차에서 발생한다는 점에서 더욱 큰 문제가 아닐 수 없다.

대통령의 법률공포권 침해

'법률공포'의 확인행위는 그 인증적 성격에 의해 대상 법령의 형식적 실체적 적법성에 대한 심사 권한 문제와 연관된다. 대통령의 법률공포권은 권력분립의 원칙상 일정한 의미를 가진 헌법이 보장하는 대통령의 권한이다. 하지만 지금의 잘못된 공포 개념 탓에 이것이 제약받게 된다. 지금처럼 공포일자를 미리 앞당겨 기재하게 되면 대통령의 법률안에 대한 심사 기간은 그만큼 줄어들게 된다. 공포를 요식적이고 행정적인 절차 정도로 간주해온 우리가 이 문제의 심각성을 깨닫기는 쉽지 않다.

그러나 법률공포권의 의미는 대단히 중대하다. 권력분립 원칙상 법률의 제정은 국회가 하지만 법률에 집행력을 부여하는 것은 대통령이다. 즉, 법률은 대통령에 의해 공포됨으로써 비로소 집행력을 부여받고 시행할 수 있는 생명력을 갖는다.

법률공포는 법률을 최종적으로 완성하는 대통령의 국법 행위로서 엄중하고 정밀하게 처리되어야 한다. 국가의 골간인 법률을 제정하는 문제에 있어 기본적이고 원론적인 지점에서 실수하는 것은 우리의 국격을 손상하는 일이다.

헌법은 법률안이 정부에 이송되어 15일 이내에 공포되도록 하고 있다. 그런데 이 15일의 기간 중에 관보 게재에 필요한 시일까지 포함될 경우에는 그만큼 대통령의 재의 요구 판단을 위해 필요한 시간이 줄어들게 된다. 현재 실무상 관보 게재는 발행일 3일 전까지 요청하도록 되어 있다. 결국 대통령의 재의요구를 위한 심사기간은 12일 정도에 불과한 것이다. 심지어 관보 발행이 기술적 요인이나 어떤 실수로 늦어지게 되면 대통령이 거부권을 행사하지 않은 법률이 관보 발행 과정에서의 기한 초과로 인해 대통령이 해당 법률을 거부한 것으로 되는 경우가 발생할 가능성도 있다.

또한 지금처럼 '공포'를 '관보 게재'로 '간주'한다면, 대통령의 법률안 서명 실무가 뒤틀리게 된다. 즉, 현재의 실무에서 대통령이 법률안에 서명함에 있어 서명 일자 대신 아직 발생하지 않은 장래에 있을 관보 발행일을 예상해 그 날짜를 '공포일'로 미리 기재하고 있다. 그러나 대통령이 문서에 1월 1일에 서명하면서도 일자는 1월 4일로 기재하는 것은 서명일자는 1월 1일로 그대로 하되 관보 게재일은 1월 4일이라고 따로 기재하는 것과는 전혀 다른 차원의 일이다. 이렇게 해 대통령의 국법 행위가 문서 작성의 기본조차 지키지 않는 채 이루어지고 있다.

생각+

잘못된 '공포' 개념, 일제 잔재

'공포'라는 법률 용어가 우리 사회에서 지금처럼 '널리 알리다'라는 의미로 굳어지게 된 것은 일본 방식을 그대로 적용한 때로부터 비롯했다.

우리 헌법 제53조 제7항에는 "법률은 특별한 규정이 없는 한 공포한 날로부터 20일을 경과함으로써 효력을 발생한다"라고 규정되어 있다. 그런데 일본의 공식령(메이지 40년 칙령 제6호)을 보면, 제11조에 "황실령, 칙령, 각령閣令 및 성령省令은 별도의 시행시기가 있는 경우 외에 공포일부터 기산하여 만 20일을 경과하면 이를 시행한다"라고 규정되어 있다.

나아가 우리 헌법 제130조 제3항은 "헌법개정안이 제2항의 찬성을 얻은 때에는 … 대통령은 즉시 이를 공포하여야 한다"라고 규정되어 있는데, 일본국헌법 제96조 제2항은 "헌법 개정에 관하여 전항의 승인을 얻을 때에는 천황은 … 즉시 이를 공포한다"라고 규정되어 있다. 일본 헌법은 1946년에 제정되었고, 우리 헌법은 1949년에 제정되었다. 게다가 관보에 서명일자를 명기하지 않고 관보 발행일자를 표기하는 것이나 "○○○ 법률을 이에 공포한다"는 표현까지도 우리나라와 일본의 방식이 동일하다.

또 일본은 천황 칙령 6호 공식령 제12조에 "법령의 공포는 관보로써 한다"는 규정이 있었지만, 1946년 일본 신헌법이 시행되면서 이 공식령이 폐지되었다. 우리는 이 또한 그대로 "법률의 공포는 관보에 한다"라 하여 시행 중이다. 정작 일본에서는 사라졌지만 우리는 그대로 적용시키고 있는 상태다.

일본은 의원내각제를 채택하고 있는 국가인 데 반해 우리나라는 대통령 중심제를 채택하고 있다. 또한 일본의 경우 헌법 규정상 천황에게 법률에 대한 서명·공포 권한이 주어져 있지만 현실적으로 이 권한은 총리에게 위임되면서 사실상 본래적 의미에 있어서의 '법률공포 행위'가 실종되었고,

애매한 상황에서 공포 절차를 관보 발행으로 대체한 것으로 볼 수 있다.

이렇듯 우리나라가 일본의 경우와 상이한 상황임에도 불구하고 우리나라 법률상 '공포' 관련 개념과 규정에 있어 아무런 검토 없이 일본의 방식을 고식적으로 관행화해왔다. 그간 우리나라에서 공포 관련 규정이 혼선을 빚게 된 주요한 원인이 여기에 있다.

일본이 잘못 번역한 법률 '공포'

결국 '공포'라는 헌법전 용어를 해석하고 구체화할 때 'promulgation'의 의미를 제대로 이해하지 못한 채 근대 시기 일본에 의해 그 번역어로 채택된 '공포'라는 용어의 사전적 의미에만 집착해왔기 때문에 오늘날까지 잘못된 관행이 계속되어온 것이다.

다시 한번 결론을 말하자면, 대통령의 법률 '공포'는 '서명'함으로써 완성되고, 그 뒤 별도로 '관보 게재(발행)'를 통해 '공표'된다.

5 정치경제 용어

애프터서비스 アフターサービス

'애프터서비스_{after service}'는 '상품을 판 뒤 제조업자가 그 상품에 대해 무상 또는 유상으로 수리나 점검 등을 하는 일'이라는 뜻이다. '애프터서비스'를 글자 그대로 영어로 표기하면 'after service'다. 이 말을 줄여 AS(혹은 A/S)라고 쓴다.

그런데 'after service'를 영어 문법에 맞게 그대로 번역하면 '서비스 후에'라는 뜻이다. 당연히 영미권 사람들은 이 말이 무슨 의미인지 알아듣지 못한다. 소통이 불가능하다.

아니나 다를까, '애프터서비스'라는 말은 일본어 'アフターサービス (애프터서비스)'에서 온 화제영어다. 영어 어법을 무시하고 자기식대로 말을 만들어낸 전형적인 일본식 조어다.

일본에서 '애프터서비스'는 "이 전기 가게는 애프터서비스가 좋네요", "애프터서비스는 매우 중요하다"*처럼 우리와 같은 용법과 의미로 사용된다.

'애프터서비스'라는 뜻을 지닌 정확한 영어 표현은 'after-sales service'다. 넓게는 'customer service'나 'customer support'라는 표현도 사용된다. 'repair service'도 가능하다.

---

*　　あの電気屋(でんきや)さんはアフターサービスがいいね.
　　アフターサービスはとても重要です.

콜라보 コラボ

| 70년 된 브랜드 '곰표', 콜라보로 제2의 전성기.
| '빠삐코' 소주부터 '불닭' 맥주까지 … 주류업계 이색 콜라보 열풍.

'콜라보collabo'라는 말은 이제 우리 시대의 유행어가 되었다. '일정한 목표를 달성하기 위해 일시적으로 팀을 이루어 함께 작업하는 일'이라는 뜻으로, 이 말은 문화 분야를 넘어 경제와 정치 쪽에서도 앞다투어 사용된다.

'콜라보'의 원어는 영어 'collabo'다. 그러나 영미권에서 'collabo'라는 말은 별로 사용되지 않는 단어에 속한다.

《메리엄웹스터사전》에서 'collabo'를 찾아보면 "속어로서 다른 아티스트와 함께 하는 음악적 협업"*으로 풀이한다. '속어'인 데다 음악 분야에 제한적으로 쓰이는 용어인 것이다. 다른 의미로는 '적과 내통하는 사람'**이라는 뜻이 있다.

'collabo'는 'collaboration'의 줄임말이다. 그러나 정작 영미권에서 'collaboration'의 줄임말로 사용하는 말은 'collab'이다. 실제 검색사이트 구글에서 'collab'과 'collabo'를 검색해보면, 'collab'의 사용 빈도가 대략 10 대 1의 비율로 압도적으로 높다.

*   slang for a musical collaboration with another artist.
**   one who collaborates with an enemy.

'콜라보'라는 말도 'コラボ(콜라보)'라는 일본식 영어에서 들어온 말이다. 'コラボ(콜라보)'는 물론 일본에서도 우리와 똑같은 용법으로 널리 흔하게 사용된다.

　국립국어원에서 '콜라보'라는 말의 대체어로 권고하는 규범 표기는 '컬래버'다. 단지 '콜라보'가 '컬래버'의 비표준어라는 유의 시각은 문제의 본질에서 완전히 빗나갔다.

러브콜 ラブコール

선거철만 되면 '러브콜이 쇄도한다', '러브콜이 잇따른다'는 등 '러브콜love-call'이라는 말을 쉽게 들을 수 있다.

'러브콜'이란 '어떤 일을 실현시키기 위해 상대방에게 열렬히 호소하는 것', '거래 등을 제안하는 행위'를 비유적으로 표현하는 말로 사용된다.

'러브콜'을 영어로 하면 'love-call'이다. 그런데 정작 영어에는 이런 표현이 존재하지 않는다. '러브콜'은 일본에서 만들어진 말이기 때문이다.

일본의 온라인상에서는 다음과 같은 글을 볼 수 있다.

> love call. 이것은 일본에서 수입된 가장 대표적인 일본산 영어이다. 그러나 항상 반일의 선봉에 서는 KBS를 필두로 모든 미디어의 쓰레기 기자가 주저 없이 이 화제영어를 즐겨 사용한다.
>
> love call. これは日本から輸入された最も代表的な日本産英語である. しかし, 常に反日の先鋒に立つKBSを筆頭に, すべてのメディアのゴミ記者が躊躇なくこの和製英語を好んで使う.

일본어 'ラブコール(러브콜)'은 일본에서 우리와 동일한 의미로 널리 사용된다. '러브콜'을 굳이 영어로 쓴다면 'earnest(or enthusiastic) proposal' 혹은 'serious offering' 정도가 되겠다.

메리트 メリット

TV 방송을 비롯해 우리 언론 기사에 나오는 영어 용어는 상당히 많다. 그런데 영어 용어 가운데서도 '일본식 영어'가 적지 않은 비율을 점한다. 사실 일본식 영어를 우리 사회에 확산하는 통로가 매스미디어인 경우가 적지 않다.

'메리트merit'란 말 역시 일본어 'メリット(메리트)'에서 왔다. 그리고 일본식 영어답게 잘못 사용되고 있다.

본래 영어 'merit'는 '자신에게 이익이 되는 것'이라는 의미가 아니다. '칭찬받을 가치가 있는 특성이나 좋은 점'을 뜻한다. 마찬가지로 반대말 'demerit'는 '자기에게 불이익이 되는 것'이 아니고 '부적절한 또는 미숙한 특성이나 나쁜 점'을 의미한다.

일본식 영어 '메리트'는 영어 'merit'의 '좋은 점'이라는 의미가 확대되어 '자신에게 유익하고 이익이 되는 것'이라는 뜻으로 사용된다. 이런 의미에 해당하는 영어는 'advantage' 혹은 'benefit'이다('디메리트'에 해당하는 말은 'disadvantage' 혹은 'loss').

결국 'advantage'나 'benefit'가 쓰여야 할 곳에 '메리트'란 말을 사용해 언어가 왜곡되고 교란된다. 한국 언론은 이를 그대로 들여와 쓰고 있다.

| 친환경주로 매수세가 유입된 것은 정책 모멘텀과 저가 메리트가 동시에 부각됐기 때문 …

| 계약 후 바로 임대수익 또는 실입주가 가능하다는 것이 가장 큰 <u>메리트</u>.

예문을 보면 예외 없이 '이익'이라는 뜻으로 일본식 영어 '메리트'를 사용하고 있다.

· 스케일 메리트 ビジネス · 経済

'스케일 메리트scale merit'라는 말도 '규모 경제'라는 뜻으로 자주 사용된다. 그러나 이 역시 '메리트'가 잘못 사용되는 경우다. 정확한 표현은 'advantage of scale'이다.

일본식 영어, 화제영어는 엄격하게 말해 '영어'가 아니고 그 자체로 명백한 '일본어'일 뿐이다.

메리트 メリット

기브앤테이크 ギブアンドテーク

'기브앤테이크give-and-take'는 영어 'give-and-take'를 우리말로 그대로 발음한 말이다.

'기브앤테이크'는 흔히 '내가 상대방에게 준 만큼 나도 상대방에게 받는다' 즉, '상대방에게 이익을 주고, 자신도 상대방으로부터 물건 등을 주고받는 상호 교환의 의미'로 사용된다.

결국 이 말은 '하나를 주고 하나를 받는다' 또는 '내가 준 만큼 반드시 그 내가를 받는다'는 이해타산적인 뉘앙스로 쓰인다.

정작 영어에서는 'give-and-take'라는 말에 '이해타산적'인 뉘앙스가 없다. 'give-and-take'는 '쌍방의 양보나 타협' 혹은 '상호 양보와 타협이나 그 행동'을 뜻한다. '대가를 바라지 않고 상대방에게 주는 행위'이며, '일시적으로 손해를 보더라도 장기적인 이익을 중시하는 것'이다.

'give-and-take'는 서로 공헌하는 관계성을 나타내는 '상호 양보의 실행'을 의미한다. 'win-win'을 유사어로 들 수 있다. '의견 교환'이라는 뜻도 있다.

'기브앤테이크' 역시 화제영어다. '기브앤테이크'는 영어 'give-and-take'가 지닌 본래의 의미에서 완전히 이탈해 '타산적이고 이기적인'인 뜻으로 왜곡되었다.

바겐세일 バーゲンセール

| 철강·은행·건설주 '지금은 <u>바겐세일</u> 중'.
| 첼시는 <u>바겐세일</u>에 가까운 돈을 주고 멘디를 샀다.

'바겐세일 bargain sale'이란 '어떤 상품을 정가보다 특별히 저렴하게 파는 것'을 의미한다. 영어로 쓰면 'bargain sale'이다.

그런데 'bargain'이라는 단어는 '특매품', '싸게 산 물건'이라는 뜻의 명사, 또는 '싸게 물건을 사다'는 의미의 동사로도 사용된다. 흥미로운 사실은 'sale'이라는 영어에 이미 'bargain'의 뜻이 내포되어 있다는 점이다.

《메리엄웹스터사전》에 'sale'은 "저렴한 가격으로 상품을 판매하는 것"*으로 풀이한다. 그러므로 '바겐세일'은 의미 중복이다. '바겐세일'은 'sale'이라는 한 단어로 충분하다.

'bargain sale'은 특히 미국에서는 사용하지 않는 말이다. 다만 영국에서는 주로 '재고 처분을 목적으로 한 특매'라는 의미로 사용되기는 한다.

'바겐세일'도 "백화점 바겐세일, 전국 바겐세일 정보"**처럼 일본어 'バーゲンセール(바겐세일)'에서 온 말이다.

---

*   a selling of goods at bargain prices.

**   百貨店のバーゲンセール, 全国のバーゲンセール情報.

해마다 연말에는 '시즌오프 season off'라는 말을 많이 볼 수 있다. 영어로 쓰면 'season off'가 되겠다. 그런데 영미권에서는 이렇게 쓰지 않는다. 올바른 표현은 'off-season'이다. '시즌오프'는 순서를 바꿔 만든 일본식 영어다.

이미지 イメージ

| 외국인들에게 한국의 긍정적 이미지 영향을 미친 1위는?

우리는 '이미지 image'라는 말을 너무도 많이 쓴다. 단순히 많이 쓰는 정도가 아니라 온갖 맥락에 갖가지 의미로 사용한다.

정작 미국에서는 'image'라는 단어를 거의 사용하지 않는다. 우리가 뜻하는 '이미지(인상)'의 대부분을 'image' 대신 'impression'을 사용해 'I have the impression that …'처럼 표현한다.

또 상대방에게 어떤 사물에 대한 '이미지(견해)'를 물어볼 때는 'What's your view on …'에서처럼 'view'와 같은 단어를 사용한다.

'국가 이미지(평판)'의 경우 'national reputation'이라고 표현한다.

'시각적인 이미지'가 아닐 때에는 'image' 대신 'interpretation'이나 'understanding' 혹은 'idea' 같은 단어를 많이 사용한다.

한마디로 우리는 '이미지'라는 말을 '만능어'로 사용하고 있다.

그런데 '이미지'라는 말도 일본식 영어에 속한다. 일본어 'イメージ (이미지)'라는 말은 일본에서 우리와 똑같이 만능어로 쓰이고 있다.

| 일본어의 '이미지'는 다양한 장면에서 사용되는 만능의 말이지만, 영어에서는 구분이 필요하다.

日本語の「イメージ」は様々な場面で使える万能な言葉なので, 英語では使い分けが必要です.

한편, 우리 주변에서 '이미지 업'을 비롯해 '이미지 다운', '이미지 캐릭터' 그리고 '이미지 체인지'처럼 '이미지'와 관련된 조어들이 사용되고 있는데, 이들 모두 일본식 영어다.

・ 심벌마크 シンボルマーク

'심벌마크symbol mark'는 '어떤 단체가 운동 방침이나 주장 또는 행사 따위를 상징하기 위해 만든 표지'라는 뜻으로 사용된다. 그런데 본래 'symbol'에 이미 그 의미가 내포되어 있다. 구태여 'mark'를 덧붙여 인위적으로 만든 말을 사용할 필요가 없다. 단순하게 'symbol'이라고만 하면 된다.

'emblem'이나 'logo'도 같은 의미로 사용된다.

리쿠르트 リクルート

| 지역 대학생과 지역 민간·공공기업을 연계하는 '대학리크루트 투어'.
| 취업 준비에 '리쿠르트 수트'로 불리는 정형화된 검정색 정장을 입으라
  는 충고도 나왔다.

취업이 '하늘의 별따기'가 되어버린 오늘의 현실에서 '리쿠르트
recruit'는 무척 반가운 말이다.

'리쿠르트'는 일반적으로 '학생들의 취업이나 취업 활동'을 뜻하
는 용어다. 영어 'recruit'는 본래 '새롭게 만들어진 것'이라는 뜻의
프랑스어 'recrue'에서 유래했다. 이 프랑스어는 '다시 성장하다'는
뜻을 지닌 라틴어를 어원으로 한다.

'recruit'라는 단어는 '신입사원'이라는 뜻이다. 그런데 실제 영미
권에서는 '신입사원'이라는 의미로 거의 사용되지 않는다. 《케임브
리지사전》은 'recruit'를 "조직, 특히 군대의 새로운 구성원", "어떤
사람에게 회사 근무나 조직, 특히 군대의 새로운 구성원이 되도록 권
하는 것"*으로 풀이한다. 즉, '신병', '신병 모집' 혹은 '군 입대를 권
유하는 것'을 의미하는 단어로 쓰인다.

'취업 활동'이나 '구직'을 의미하는 영어는 'job-hunting'이다.

---

*   a new member of an organization, especially the army.
     to persuade someone to work for a company or become a new member of
     an organization, especially the army.

'리쿠르트'란 말도 일본어 'リクルート(리쿠르트)'에서 왔다. 일본에서 이 말은 "리쿠르트 수트는 취업활동 때 입는 정장입니다"*처럼 널리 사용된다.

. 리쿠르트 수트 リクルートスーツ

앞의 인용문에 나오는 "리쿠르트 수트 recruit suit"란 말도 영미권에 전혀 존재하지 않는 일본식 영어다. '취업을 위해 면접 때 입는 위아래 한 벌의 정장'이라는 뜻으로 사용되는 이 말에 부합하는 영어 표현은 'job interview suit', 'suit for job interview', 'dressing for Interviews'다. 덧붙여, '수트'는 《표준국어대사전》에 '슈트'로 등재되어 있다.

---

*   リクルートスーツとは, 就職活動時に着るスーツですね.

오더메이드 オーダーメイド

| 금소법 직격탄 <u>오더메이드</u> 상품 없어지고 있나.

'오더메이드order-made'란 '소비자의 개별 주문을 받아 제조한 상품' 을 의미한다. 의류나 가구를 비롯해 건축 분야에서 자주 쓰인다.

몰개성 대량 생산 시대에도 자신만의 취향을 살리려는 사람이 있 다. 이런 사람이 많아질수록 '오더메이드'에 대한 요구도 높아진다.

'오더메이드'를 영어로 표기하면 'order-made'다. 하지만 정작 영 어에 이런 용어는 없을뿐더러 영미권 사람들은 당연히 이 말을 알아 듣지 못한다. 왜냐하면, '오더메이드'라는 말도 일본어 'オーダーメイ ド(오다메이드)'에서 온 화제영어이기 때문이다.

대다수 일본식 영어가 그러하듯, 이 말도 '주문'이라는 뜻의 영어 'order'와 '생산'이라는 의미의 'made'를 영어 어법에서 벗어나 일본 식대로 연결한 조어다.

일본에서 'オーダーメイド(오다메이드)'는 "오더메이드 가구, 오더메이 드 구두, 오더메이드 수트"*처럼 사용된다. '세미 오더'나, '풀 오더', '패턴 오더' 모두 마찬가지다.

'오더메이드'의 바른 표현에는 'tailor-made', 'made-to-order', 'custom-made'가 있다.

---

*   オーダーメイドの家具. オーダーメイドの靴. オーダーメイドのスーツ.

솔라시스템 ソーラーシステム

| 솔라시스템 태양광 설치하는 작업 하실 분 구합니다.
| 현대기아차, 태양광으로 車 운행하는 '솔라시스템' 공개.

기후위기 시대에 재생에너지가 크게 각광받고 있다. 태양광 에너지에 대한 관심도 커진다. 이런 분위기를 타고 '솔라시스템solar system'이란 말이 종종 들린다. '솔라시스템'은 '태양의 열이나 빛을 주된 에너지원으로 이용하는 시스템'이라는 뜻으로 쓰인다.

'솔라시스템'을 영어로 표기하면 'solar system'이다. 그런데 영어 'solar system(정확하게 the solar system)'은 '태양계'라는 뜻이다.

요즘 흔히 들리는 '솔라시스템'은 'ソーラーシステム(솔라시스템)'에서 온 일본식 영어다. 올바른 영어 표현은 'solar energy system'이다. 덧붙여, '태양광 에너지'의 정확한 영어 표기는 'solar energy'다. '태양광 발전'은 'solar power', '태양전지'는 'solar cell' 혹은 'solar battery'다.

가 상 かそう

| "대면 실습 안 되면 **가상현실**로 …" 대학이 직접 VR 콘텐츠 개발.
| 독도 수중생태계 **가상현실**로 체험 … 수과원, 고해상도 콘텐츠.

 갈수록 '가상현실virtual reality'이라는 말을 많이 듣는다. '가상현실'이란 '어떤 특정한 환경이나 상황을 컴퓨터 시스템을 이용해 실제와 똑같이 느낄 수 있도록 만든 것'을 의미하는 말이다.

 그런데 영어 'virtual'을 '가상假想'으로 옮긴 것이 타당할까? '가상'이란 '허구'의 뉘앙스를 지닌다. 하지만 'virtual'이라는 영어 단어에는 '허구'의 뜻만 있지는 않다. 외려 '100퍼센트는 아니지만 거의 사실에 가까운'이라는 의미로 '실제의', '사실상'이라는 뜻이다.

 예를 들어, 'He is a virtual manager'라는 영어 문장은 '그는 사실상 매니저다'라는 뜻이다. 그가 '가상' 혹은 '가짜'가 아니라 사실상 '진짜' 매니저라는 뜻이다.

 결국 'virtual'의 번역어 '가상'은 '허구'라는 의미만 담을 뿐 '사실'이라는 의미는 완전히 배제됐다. 이 탓에 비단 '가상현실'만이 아니라 '가상화폐virtual currency'와 '가상자산virtual assets' 등 'virtual' 관련 용어의 뜻이 혼선을 빚어 오용된다.

 특히 '가상화폐'와 '가상자산'을 둘러싼 논란이 계속 이어진다. 이것들이 사실상 화폐와 자산 기능을 하는 현실에 비춰보면, '가상'이라는 말은 용어의 측면과 현실의 측면 모두에서 부적절하다.

그런데 일본에서는 언제부터 'virtual'이라는 영어 단어가 '가상かそう'이라는 번역어로 정착되었을까?

1960년대에 미국 IBM 본사가 개발한 'virtual memory'를 일본 IBM 지사의 담당자가 '가상 기억'으로 번역해 사용했다. 이후로 'virtual'이라는 영어 단어는 일본에서 '가상'이라는 번역어로 정착해 널리 퍼졌다.

일본에서도 'virtual reality'를 '가상현실'이라는 용어로 번역하는 것에 대한 문제 제기가 있다. "Virtual Reality의 번역어를 재고하다"*에서 알 수 있는 것처럼 '가상현실'이라는 번역어를 재검토해야 한다는 주장이 나왔다. "Virtual Reality의 전문가가 제안하는 '실질 현실감'"**이라는 수상을 보면, 'Virtual Reality'의 번역어를 '실질 현실감'으로 해야 한다는 의견도 있다.

*   Virtual Realityの訳語を再考する.

**   VRの専門家が提案する「実質現実感」.

듀얼라이프 デュアルライフ

| 경북도, 인구감소 생존전략 '듀얼라이프' 정책 제시.

'듀얼라이프dual life'라는 말이 있다. 우리에게 상당히 생소하지만, 최근 들어 언론 기사에 출현하는 빈도수가 높아지는 용어다. 이 말은 대개 '도시에 직장 등 생활 기반을 두고 시골에도 주거지를 마련해 두 곳을 오가며 생활하는 것'이라는 의미로 사용된다.

'듀얼라이프'는 'dual life'라는 영어에서 온 말이라고 생각할 수 있 겠지만, 영어에 이런 말은 없다. 이 말 역시 일본어 'デュアルライフ(듀 얼라이프)'에서 온 일본식 영어다.

| 생활과 일을 일체화한 듀얼라이프, 도시와 농산어촌을 오가는 라이프스 타일을 가리키는 화제영어. 2거점 거주.
暮らしと仕事を一体化したデュアルライフ, 都市部と農山漁村を行きかうライフ スタイルを指す和製英語. 2拠点居住のこと.

'듀얼라이프'라는 말은 2005년 일본의 국토교통성이 만든 용어로 알려져 있다. 우리 사회에서 학계나 공공기관이 정확한 용어를 스스 로 만들어 사용할 날은 언제일까. 물론 이런 경우에도 영어가 아니라 우리 말과 글로 만드는 것이 가장 좋겠지만.

최근 한 TV 프로그램에 한 외국 유학생이 한국에서 들어서 제일 기분 좋은 말이 바로 '서비스service'라는 말이라고 하는 장면이 있었다.

'서비스'라는 말은 '서비스 안주'라든가 '서비스 가격' 또는 '이건 서비스입니다' 등 일상적으로 흔히 들을 수 있다. '서비스'라는 말은 '공짜'나 '무료' 혹은 '특별한' 정도의 의미로 쓰인다.

그런데 영미권에서는 이러한 '서비스'의 의미가 통하지 않는다. 예를 들어, '서비스 가격'을 그대로 'service price'라고 말하면 '제공한 서비스의 대가 비용'을 받겠다는 뜻이 된다.

우리가 쓰는 '서비스 가격'의 올바른 영어 표현은 'special price'나 'discount price'다. 또 '무료'라는 의미의 '서비스'는 'for free' 혹은 'freebie'다.

일본에서도 'サービス(서비스)'라는 말은 "이 커피는 서비스입니다", "맥주를 서비스해드렸습니다"*와 같이 사용된다.

---

*   こちらのコーヒーはサービスとなります.
     ビールをサービスしてくれました.

에코 エコ

'에코eco'는 일반적으로 '친환경적'이나 '환경친화적'이라는 뜻의 수식어로 사용된다. 수식어 '에코'를 앞세운 용어들이 속출하는 걸 보면 갈수록 심각해지는 지구온난화와 기후위기가 언어에 반영되고 있음을 알 수 있다.

'에코'라는 말은 영어 'ecology'의 줄임말 'eco'에서 비롯한 조어다. 그런데 'ecology'는 '생태학'이나 '환경', '기후'라는 뜻을 지닐 뿐이다. 그 자체에는 '친환경'이나 '환경친화적'이라는 의미가 있지 않다.

'에코'라는 수식어를 붙여 '친환경'을 나타내려면, 'ecologically-friendly'나 'good for the environment'처럼 구체적으로 표현해야 한다. 예를 들어, '친환경 비즈니스'라는 뜻의 '에코 비즈니스'는 'ecology-minded business'라고 해야 옳다. '에코백'은 'reusable bag'이 올바른 표현이다.

'에코'도 "에코로지의 생략형 '에코'는 화제영어다"*라는 말 그대로 일본에서 건너온 말이다. 일본에서 역시 흔하게 쓰인다. "에코백", "에코펀드", 나아가 "에코파머eco-farmer"라는 말도 있다.**

---

*   エコロジーの省略形「エコ」は和製英語である.

**   エコバッグ, エコファンド, エコファーマー.

메일 メール

'메일mail'은 일상생활에 없어서는 안 될 매우 요긴한 수단이다. 우리는 매일같이 메일을 주고받으며 연락하고 소통한다. '메일로 연락주세요', '메일 보낼게'라는 말을 달고 산다. 상대방에게 '메일 주소 알려주세요'라는 말도 자주 한다. 하지만 영미권에서 이렇게 말하면 갑자기 분위기가 어색해진다. 왜일까?

바로 'mail'이라는 영어 단어를 다르게 이해하기 때문이다. 영어 'mail'은 '이메일'이 아니라 '손으로 쓴 편지'라는 뜻이다. 상대방에게 메일 주소, 즉 'mail address'를 알려달라고 하면 사는 곳의 주소를 묻는 것이 된다. 만약 잘 모르는 이성 간에 이런 대화가 오갔다면 더욱 어색하고 난처한 경우가 발생할 수도 있다.

한국에서는 '메일' 하면 무조건 이메일을 뜻한다. 그런데 영어에서는 '손편지'와 '이메일'이 구별된다. '이메일', 즉 전자우편은 'email', 'electric mail'이라고 정확히 표현해야 한다.

'메일' 역시 일본에서 온 말이다. 일본에서 "메일 주소", "메일에 관한 단어" 등으로 쓰인다.*

'메일'이라는 너무나 간단한 말조차도 일본식 영어를 그대로 받아들여 잘못 사용하는 게 우리의 '언어 현실'이다.

---

*   メールアドレス, メールに関する単語.

클레임 クレーム

| 신제품과 부자재의 클레임을 예방하기 위한 솔루션 개발을 맡고 있다.

　'클레임 claim'은 주로 서비스나 상품에 대한 '불만'을 의미하는 말로서 '불량품 교환 요구'라는 뜻으로도 쓰인다. 대개는 거창하게 무역거래 등에서 '손해배상청구'라는 의미로 사용된다.

　'클레임'은 영어 'claim'에서 왔다. 'claim'은 '주장하다', '요구하다', '구하다' 등의 의미를 지니는 동사다. 그런데 'claim'이라는 단어 자체에는 '불만'이나 '손해배상청구'라는 의미가 없다.

　영어로 '불만'이나 '배상'에 관한 말이 성립하려면, 'claim'이라는 동사 뒤에 'damage'나 'refund' 등 적절한 목적어가 연결되어야 한다. 그럴 경우에만 'to claim against damage', 'to claim a refund'처럼 의미가 성립된다.*

　'불만'이나 '손해배상청구'란 뜻이 없는 'claim'을 우리는 어째서 '손해배상청구'라는 의미로 사용하게 되었을까?

　'claim for damage'는 '손해배상청구'의 뜻이며, '손해배상을 요구하다'는 'claim against damage'이다. 그런데 일본인들은 이 영어 표현에서 'for damage' 혹은 'against damage'를 없애고 앞의 'claim' 한 단어만을 떼어내, 마치 'claim'이라는 말 자체에 '손해배상'이나

---

*　손해배상을 요구. 환불을 요구.

'불만'이라는 의미가 있는 것처럼 사용했다.

일본에서는 'クレーム(클레임)'이란 말이 "클레임 대응, 클레임 발생"*
등으로 흔하게 사용된다. 우리나라 기업에도 '클레임처리규정'이 있
는데, 일본에도 동일하게 'クレーム処理規程'이 있다.

일본식 영어 '클레임'은 'complain' 혹은 'complaint'가 정확한 영
어 표현이다. 영어에서 'complain'은 "컴플레인의 원인, 불만 접수 담
당자"**처럼 사용된다.

*   クレーム対応, クレーム発生.

**   grounds for complaint, person in charge of taking complaints.

벤처기업 ベンチャー企業

| 미래신사업 이끌 창업·벤처기업 100곳 지원합니다.
| 지역소멸 위기 대응 위해 중소벤처기업 지원해야.

한때 '벤처기업 venture company' 열풍이 불었다. '벤처기업'이란 '고도의 전문지식과 아이디어 등을 바탕으로 창조적·모험적 경영을 하는 기업'을 지칭하는 용어다.

'벤처기업' 하면 당연히 'venture company'나 'venture business' 등의 영어가 떠오른다. 그런데 정작 영미권에서 이 말은 통용되지 않는다. 최소한 우리가 생각하는 그러한 의미가 아니다.

영미권에서 'venture'라고 하면, 일반적으로 'venture capital' 즉 투자를 행하는 측의 기업을 지칭한다. '벤처기업'이라는 용어에 대한 혼선은 바로 '벤처기업'이란 말이 일본식 영어이기 때문에 발생한다.

'벤처기업'과 '벤처 비즈니스'라는 용어는 1970년에 일본 학자 키요나리 타다오淸成忠男 등에 의해 처음 만들어졌다. 1971년에 일본 벤처비즈니스협회日本ベンチャー·ビジネス協会가 설립되었다. 그러면서 'ベンチャー企業(벤처기업)'이란 용어가 일본 사회에 유행했다. 이 말이 그대로 한국에 들어온 것이다.

'벤처'라는 말은 우리 사회에 너무나 깊숙이 들어와 있다. 〈벤처기업 육성에 관한 특별조치법〉이라는 '벤처기업 특별법'까지 제정됐다. 정부 중앙 부처에는 중소벤처기업부가 설치됐다.

　최근 우리 사회에서는 '스타트업startup기업'이라는 말이 많이 사용된다. 영어 'startup'이란 새로운 사업, 새로운 기술이라는 의미에서 '스타트업기업'은 '벤처기업'과 뜻이 가까운 용어다. 하지만 일반적으로 '스타트업기업'은 시장에서 급성장을 목표로 단기간에 큰 이익을 내기 위해 설계된 측면이 강하다. (상대적으로) 장기적 비즈니스 모델인 '벤처기업'과는 이러한 점에서 다르다고 할 수 있다.

　미국에서는 '벤처기업'을 'high potential venture'나 'new growth venture'라고 표현한다.

・ 트리이앤애디 トライアンドェラー

　'트라이앤에러try and error'라는 말도 종종 듣는다. '시행착오'라는 의미로 사용된다. 영어로 쓰면 'try and error'일 것이다. 사실 이 말은 일본어 'トライアンドエラー(트라이앤에러)'라는 말에서 온 일본식 영어다. 정확한 영어 표현은 'trial and error'다.

・ 스마트 팩토리 スマート工場

　'스마트 팩토리smart factory'라는 말은 경제계를 중심으로 많이 사용되는 용어다. '스마트 팩토리'는 제품을 조립·포장하고 기계를 점검하는 전 과정이 자동으로 이뤄지는 공장을 일컫는다.

　'스마트 팩토리'를 영어로 쓰면 'smart factory'다. 그런데 영어에는 이런 말이 없다. 일본에서 만들어진 일본식 영어이기 때문이다. 2010년 만들어진 이 말은 '신속하게' 우리 경제계에 들어와 널리 사용되고 있다.

'플랫포머platformer'는 최근 일본에서 만들어진 용어다. '플랫포머'는 정보 전달이나 비즈니스를 위한 플랫폼을 제공하는 사업자 또는 인터넷에서 대규모 서비스를 제공하는 거대 IT 기업을 지칭하는 일본식 영어다.

일본식 영어의 편의주의

일본이 이미 여러 지표에서 한국에 추월당하고 있으며, 2027년에는 1인당 GDP도 추월당할 것이라는 분석이 나왔다.

과거 일본이 근대화에 성공하고 세계적인 강대국이 될 수 있었던 요인으로는 적극적으로 세계와 '소통'하고 그 '기준'을 학습한 것이 크게 작용했다고 평가될 수 있다. 그런데 현재 '트라이앤에러'나 '시즌오프' 등 일본식 영어의 조어 방식에 드러나는 이러한 '자의성'과 '편의주의'는 '국제기준' 그리고 '보편성'을 준수하지 않는 것이다. 이러한 모습이 오늘날 일본을 '후퇴'시키는 한 요인이 아닐까.

플러스알파 プラスアルファ

‘플러스알파plus alpha’는 정체불명의 말이다. 만약 영미권 사람에게 ‘plus alpha’라는 말을 사용해 ‘We deliver plus alpha solution’이라고 말한다면, 상대방은 도대체 무슨 말인지 알아듣지 못한다. ‘혹시 plus alpha라는 제품을 준다는 말인가’라고 생각할 것이다.

한마디로 ‘plus alpha’라는 영어는 존재하지 않는다. 이 희한한 말은 일본에서 ‘착각’ 탓에 만들어진 엉터리 영어다.

‘플러스알파’라는 말은 일본에서 만들어졌지만, 정작 그 말이 어떻게 만들어졌는지에 대해서는 일본에서도 불분명하다. 한 가지 유력한 주장은 야구 경기에서 비롯했다는 설이다.

야구 경기에서 9회 말 공격 때 결승점을 내면 점수를 적는 곳에 점수 숫자를 쓰고 그 옆에 ‘x’를 표시했다. 점수가 더 날 수도 있지만 경기를 여기에서 끝낸다는 의미다. ‘x’는 미지수를 나타내는 미국과 영국의 언어 습관이었다. 그런데 일본에서는 영어 ‘x’의 필기체를 ‘α’로 착각해 ‘플러스알파’라는 말이 생겨났다는 주장이다. 물론 주장에 불과하다.

〈위키피디아〉에서는 ‘플러스알파’를 다음과 같이 설명한다.

| x를 α로 오용한 데서 생겨난 표현이라는 설이 있다. 이 화제외래어는 영어로서는 통용되지 않는다. 다만 일본 문화의 영향을 받은 대한민국에서는 통용된다.

Xをαと誤読したことから生まれた表現という説がある. この和製外来語は, 英語と
しては通用しない. ただし, 日本文化の影響を受けた大韓民国では通用する.

일본에서 착각으로 만들어진 말 '플러스알파'는 일본 문화의 영향을 받은 한국에서 흔히 사용된다. 특히 정치권에서 자주 사용된다. 그것도 국민에게 내미는 '당근'용 용어다. 창피한 일이다.

.   케 이 스 바 이 케 이 스 ケースバイケース

'케이스바이케이스case-by-case'. 대개 이 말은 '일반적으로는 그렇지만 경우에 따라 다르게 될 수 있다'는 뉘앙스로 쓰인다.

그린네 엉어 'case-by-case'는 그 의미가 우리가 이해하는 것과 사뭇 다르다. 이 말은 '개별적으로', '한 건씩'이라는 의미를 지니는 숙어다. 게다가 정작 영미권에서 그리 널리 사용되지 않는 말이다.

이 말 역시 일본어 'ケースバイケース(케이스바이케이스)'에서 왔다. '케이스바이케이스'의 정확한 영어 표현은 'It depends …'다.

자기PR 自己PR

| 세상에 나를 PR하는 법.

　'자기PR'은 '자기 자신을 스스로 다른 사람들에게 알리는 행위'라는 의미로 쓰이는 말이다. '자기PR'은 특히 요즘처럼 취업하기 힘든 조건에서 자기소개서를 쓰거나 면접을 볼 때 더욱 강조된다.

　'자기PR'에서 'PR'은 영어 'public relations'의 생략형 단어다. 《메리엄웹스터사전》에 따르면, 'public relations'는 "대중이 어떤 사람, 기업 혹은 기관에 대한 이해와 호의를 갖도록 유도하는 사업"*을 의미한다. 여기에는 우리가 '자기PR'의 의미로 사용하는 '자기 선전' 혹은 '자기 홍보'라는 의미는 전혀 없다.

　'자기PR'도 일본식 영어다. 일본어에서도 그대로 '自己PR'이다. "자기PR을 부탁합니다", "PR하다"**처럼 일본에서도 '자기PR'이 우리와 동일하게 사용된다.

　PR이라는 말이 'promotion'의 생략형 용어라는 주장도 있지만, 이 역시 일본이 임의로 만들어낸 일본식 영어로 영미권에서는 통하지 않는다.

---

*　　the business of inducing the public to have understanding for and goodwill toward a person, firm, or institution.

**　　自己PRをお願いします.
　　　PRする.

스펙 スペック

한국 사회는 가히 '스펙 사회'라 할 만하다. 출신 대학이 사람을 판단하는 큰 기준이 되며, 토익 점수에 따라 한 사람의 인생이 결정된다. 끊임없이 터져 나오는 '금수저/흙수저' 논쟁에서 드러나듯, 경제적으로 어떤 환경의 집안에서 태어났느냐가 일생을 좌우한다.

특히 취업이 하늘의 별 따기가 된 오늘날, '스펙 spec'이란 말은 우리 시대 젊은이들을 절망시키는 가장 큰 용어로 자리 잡고 있다. '스펙'을 쌓기 위해 이 땅의 젊은이들은 너무나 많은 피와 땀과 눈물을 흘려야 한다. '스펙'의 대부분은 필요하지도 적합하지도 않을뿐더러, '스펙 쌓기' 탓에 낭비되는 사회적 자원 또한 너무도 많다.

'spec'은 영어 'specification'의 약자다. 《메리엄웹스터사전》은 'specification'을 "어떤 것 또는 어떤 것의 계획이나 제안에 대한 상세하고 정확한 소개"*로 풀이한다. 우리말로는 '명세서'나 '사양서'를 가리키는 단어로 대부분 복수형으로 사용된다.

그런데 이 말이 일본에서 줄임말 'スペック(스펙)'으로 사용되면서, 주로 자동차나 컴퓨터의 성능이나 사양을 의미하는 용어로 쓰였다. 그러다가 차츰 사람에게도 사용되면서 '사람의 능력이나 특징'을 뜻하게 되었다. 일본에서는 "자신의 기본 스펙은~", "하이스펙 인재"*

---

*   a detailed precise presentation of something or of a plan or proposal for something.

등으로 널리 사용된다.

일본 온라인상에 소개된 '스펙'에 대한 설명을 들어보자.

> '스펙이 높다'라는 말은 학력, 수입, 사회적 지위가 높고, 유명한 기업에
> 서 일하며, 가문이 좋은 것을 의미한다.
> 「スペック高い」というのは高学歴, 高収入, 社会的な地位が高い, 有名企業に勤め
> ている, 家柄が良い, といったことを意味します.

이런 뜻의 일본식 영어 '스펙'이 한국 사회에도 들어와 널리 쓰이
게 된 것이다. 다만 우리나라에서는 '스펙'이라는 말에 학벌, 학점,
토익 점수 등 '취업에 요구되는 평가 요소'라는 의미가 더 강하다.

. **프 로 필** プロフィール

'프로필profile'이란 말은 '누구누구의 프로필'부터 '프로필 사진',
'바디 프로필' 등등 최근 엄청 많이 사용된다. 영어 'profile'은 '프로
파일'로 읽어야 한다. 'プロフィール(프로필)'이라는 말은 영어가 아니라
일본어일 뿐이다.

왜 우리는 정확한 언어를 버리고 굳이 잘못된 일본식 언어를 따라
쓸까.

---

*　　自分の基本スペックは~.
　　ハイスペック人材.

호텔 프런트 ホテルフロント

'호텔 프런트 hotel front'는 호텔 '체크인'하는 곳이라는 의미로 사용된다. 그래서 많이들 '호텔 프런트 앞에서 만나자'고 약속한다.

만약 외국인과 'Let's meet at the hotel front'라고 약속하면 어떻게 될까? 아마도 그는 약속을 지키기 어려울 것이다. 왜냐하면 그는 호텔 정문에서 당신을 기다릴 가능성이 매우 높기 때문이다.

'front'가 '정면'이나 '앞'이라는 뜻이니 외국인 입장에서는 당연히 '호텔 앞'으로 알아듣기 십상이다. 이때에는 '접수'라는 의미를 지닌 'reception'이나 'front desk'가 올바른 표현이다.

'프론트'란 말도 일본어 'フロント(프론트)'에서 왔다. 일본에서 이 'フロント'는 "호텔의 프론트, 프론트에서 만나요"*처럼 우리와 똑같은 용법으로 쓰인다.

세미더블 セミダブル

'세미더블 semi double'이란 말도 자주 사용하는 말이다. 그러나 이 말역시 외국인에게 통하지 않는다. 싱글인지 더블인지 정확하게 구분해줘야 한다. '세미더블 방'은 'single room'으로 표기하고 베드 사이즈는 'large single bed'라고 부기해주는 것이 올바르다.

'세미더블'도 일본어 'セミダブル(세미더블)'에서 온 일본식 영어다.

---

*   ホテルのフロント, フロントで会いましょう.

노하우 ノウハウ

| 인천 온실가스 감축 <u>노하우</u> 전국에 전파 본격화.
| 한우 관리법 혁신 … 사육 <u>노하우</u> 적극 전파.

'노하우know-how'는 대개 '경험 등에 의해 축적된 독특한 비결'이라는 뜻으로 쓰인다.

우리 국어사전에는 "남이 알지 못하는 자기만의 독특하고 효과적인 방법" 또는 "제품의 개발, 제조, 판매 따위에 필요한 기술이나 지식 따위의 정보"로 풀이한다.

그런데 《케임브리지사전》에는 'know-how'를 "실용적 지식과 능력"*이라 규정한다. 따라서 지적재산권 분야에서 사용되는 '기업비밀', '영업비밀'은 'know-how'가 아니라 'trade secret'이다.

일본에서도 "우리는 회사를 다시 세울 노하우가 있다"**처럼 '노하우'라는 말을 흔히 쓴다.

일본에서 '노하우'는 "일상 업무에서 실패와 성공을 거듭하는 가운데 '이렇게 하면 잘된다'나 '이것은 잘되지 않는다' 등 과거의 경험 축적에 의해 획득되어진 방법론을 가리킨다".*** 완전히 우리와 동

---

*   practical knowledge and ability.

**   私たちには会社を立て直すノウハウがある.

*** 日々の業務の中で失敗や成功を重ねていく中で,「こうすればうまくいく」「これはうまくいかない」など, 過去の経験の蓄積により獲得される方法論を指します.

일한 의미로 쓰이고 있다. 당연하게도 우리가 쓰는 '노하우'는 일본어 'ノウハウ(노하우)'를 그대로 들여왔기 때문이다.

그러나 정작 영미권에서 'know-how'는 실생활에서 그리 많이 사용되지 않는 용어다. 다른 용어들을 세분화해 사용하기 때문이다.

대체로 '유익한 정보'나 '부가가치가 있는 경험과 지식'이라는 의미는 'knowledge'를 사용한다. '개인이 실제로 보거나 듣고 행하는 등 체험으로 얻은 지식과 기술'의 경우에는 'experience'를 쓴다. '처리할 때의 수단과 방법'은 'technic'을 쓰고, '몸에 익은 전문적인 능력'은 'skill'을 사용한다. '요령'이라는 뜻의 'tips'도 쓴다.

부정확한 용어를 단지 관행이나 편의성을 이유로 남용하는 것은 결국 언어의 혼란과 왜곡을 조래해 전체 사회 구성원의 문해력과 지적 활동력을 저하시킬 뿐이다.

우리나라는 '노하우'라는 용어를 법률에도 사용한다. 〈정보통신 진흥 및 융합 활성화 등에 관한 특별법〉 제13조는 "정부는 핵심적인 정보통신 기술, 지식 또는 노하우 등을 가진 해외 우수 인력의 발굴 및 육성을 위한 시책을 수립·추진하여야 한다"로 규정됐다.

우리 법률에 영어를 사용한 것도 문제지만, 게다가 일본식 영어를 사용했다는 점에서 더욱 안타깝다.

IC

| 서해안고속도로 하행선, 영광군 불갑산IC '개통'.
| 인천대로 '가좌IC~서인천IC' 지하도로 건설 '청신호'.

'성산IC', '회덕IC', '홍은IC' 등 'IC'는 '차량의 진행을 원활하게 하고 사고를 방지하기 위해 서로 교차하는 도로들을 입체적으로 만든 시설'을 뜻하는 용어다. 고속도로 교통표지판에서 'IC' 표기를 흔히 볼 수 있다.

'IC'는 영어 'interchange'의 줄임말이다. 그런데 정작 영미권에서는 'interchange'를 줄인 'IC'라는 단어를 사용하지 않는다. 미국에서는 '고속도로의 출구'라는 의미로 일반적으로 'interchange' 대신 'exit'라는 단어를 사용한다.

'IC'도 일본식 영어다. 'IC'를 일본에서 어떻게 설명할까.

| interchange를 생략한 IC도 영어권에서 사용되지 않는다.
  interchangeを省略したICも英語圏では使われていません.

· SA
한편, 고속도로 등에서 'service area'의 축약어로 'SA'라는 말도 사용된다. 이 역시 일본식 영어로 영미권에서 통용되지 않는다.

하이웨이 ハイウエー

하나 더, 고속도로를 우리는 흔히 '하이웨이highway'라고 한다. 그러나 영어 'highway'는 국도나 주도州道 등 '간선도로'를 의미한다. 고속도로를 가리킬 때는 미국에서는 대부분 'express way'를, 영국에서는 'motorway'를 쓴다.

원팀 ワンチーム

| '원팀' 선대위 가속도 …
| 정책 차별화에도 지지율 멈췄다 …'원팀' 갇힌 한 달.

선거 때면 '원팀one team'이 커다란 화두로 부각된다. 정치권에서 사용하는 '원팀'이라는 말은 대체로 '분열되지 않고 하나로 결속해 나간다'는 의미로 해석된다.

사실 영어 'one team'은 본래 '한 개의 팀' 그리고 'two team'은 '두 개의 팀' 정도의 뜻으로 읽힌다. 다른 특별한 의미가 없다. 우리 정치권에서 사용하는 '원팀'이라는 의미에는 'a team'이 정확한 영어 표현이다.

'원팀'이라는 말은 일본 럭비 대표팀의 슬로건이었다. 2019년 일본에서 개최된 럭비 월드컵에서 일본 럭비팀은 여섯 나라 출신의 국적과 민족 그리고 경력 등 다양한 멤버로 구성되어 있었다. 조건이 그러하니 럭비 대표팀은 출신지와 문화 등 차이를 넘어 모두가 하나의 팀으로 노력하자는 의미로 'ワンチーム(원팀)'이라는 슬로건을 내걸었다.

'원팀'이라는 말은 그해 일본에서 '올해의 유행어'로 선정됐다. 이후 일본에서 'ワンチーム(원팀)'은 "원팀으로 노력합시다", "멋진 원팀이었다"*처럼 널리 쓰인다.

'원팀'이 일본에서 처음 만들어진 말은 아니다. 1995년 럭비 월드

컵에서 남아프리카공화국 럭비 대표팀의 슬로건이 바로 "One Team, One Country"였다. 남아프리카공화국 대표팀은 인종차별 제도인 아파르트 헤이트Apartheid 철폐 이후 이 슬로건을 내걸고 참가해 우승을 거뒀다.

　일본에서 '원팀'이라는 말은 특히 정치인이 많이 사용했다. 코비드-19 탓에 개최 여부를 둘러싸고 논란이 컸던 2020 도쿄 올림픽 문제에서도 정치인들이 '원팀'을 앞세워 여론을 이끌고자 했다.

　이처럼 '원팀'이라는 말을 많은 정치인이 활용하고 또 기업이 이용하면서, 일본 내에서는 피라미드식 상명하달의 독재나 과거 제국 군대식 문화를 조성한다는 비판이 제기되기도 했다.

　'원팀'이라는 말은 한국 사회에서도 적잖게 사용된다. 유난히 정치권에서 많이 쓴다는 점에서 일본과 닮았다. 다만 한국에서는 주로 정당의 정치적 수사로 활용된다. 그저 '단합'이라고 하면 충분하다.

＊　　ワンチームでがんばりましょう.
　　　素晴らしいワンチームだった.

모럴해저드 モラル.ハザード

| 다른 사람 명의로 부당하게 대출을 받거나 고객 돈을 횡령하는 등 은행
 직원들의 <u>모럴해저드</u>가 반복되고 있다.

'모럴해저드moral hazard', 언젠가부터 너무 자주 듣는 말이다. 이 말
은 '법과 제도의 허점을 이용해 자기 책임을 소홀히 하거나 집단적
인 이기주의를 나타내는 상태나 행위'라는 의미로, 간략히 '도덕적
해이'나 '도덕적 위험'이라는 뜻으로 사용된다.

《메리엄웹스터사전》은 'moral hazard'를 "피보험자의 성격이나 사
정으로 인해 보험회사에 손실될 가능성"*이라고 풀이한다. 이를 보면
본래 '모럴해저드'라는 말에는 '도덕적 의미'가 없다.

그런데 일본에서 '도덕'이라는 뜻의 'moral'과 '위험' 혹은 '장애
물'이라는 뜻의 'hazard'를 '직역'해 '도덕적 해이'라는 뜻의 モラ
ル·ハザード(모럴해저드)라는 일본식 영어, 화제영어를 만들어낸 것이다.

| 금융기관이 건전한 경영을 유지하는 노력을 게을리한다는 <u>모럴헤저드</u>
 를 방지하기 위해 노력하고 있다.
 金融機関が健全な経営を維持する努力を怠るという<u>モラルハザード</u>を防止するよ
 う努めています.

* the possibility of loss to an insurance company arising from the character or
  circumstances of the insured.

| 이번 회에는 <u>모럴해저드</u>와 역선택에 관해 이야기하고자 합니다.

　今回は，<u>モラルハザード</u>と逆選択（アドバースセレクション）についてお話しします

　일본에서도 이전부터 ‘モラル・ハザード(모럴해저드)’에 대해 문제가 제기됐다. 일본의 국립국어연구원도 지난 2006년 ‘モラル・ハザード(모럴해저드)’ 대신 ‘윤리 붕괴’라는 일본어 사용을 권고한 바 있다.

징크스 ジンクス

대선 국면에서는 당연히 대선과 관련된 이슈들이 눈과 귀를 사로잡는다. 그중 이른바 '대선 징크스'도 사람들의 입에 회자된다.

대표적인 대선 징크스에는 '국무총리 징크스'가 있다. 총리직을 통해 경쟁자보다 인지도를 쉽게 얻어 대권 도전에 나섰지만, '이인자'라는 인상에서 벗어나기 쉽지 않아 김종필 전 총리, 이회창 전 총리, 고건 전 총리의 경우처럼 결국 실패한다는 것이다.

또 서울대 법대 출신으로 대통령이 된 인물은 없다는 (2022년 대선에서 깨진) '서울대 법대 징크스'와 제6공화국이 수립된 이후 더불어민주당에서 같은 당명의 간판을 달고 대통령에 당선된 이는 없다는 '같은 당명 재집권 불가' 징크스도 있다.

'징크스jinx'라는 말은 일본식 영어다. 'jinx'는 본래 '재수 없는 일' 또는 '불길한 징조나 사람'이라는 의미다. 하지만 일본식 영어 '징크스'는 본래의 뜻에 '재수가 좋은 것으로 생각되는 징조나 사람'이라는 의미가 추가됐다.

아무튼 우리는 본래 영어가 아니라 일본식 영어를 많이 쓴다. 시중에서 제기되는 대선 징크스 가운데 '출생연도를 10년 단위로 끊어 대통령이 두 명씩 배출된다'는 '징크스'가 있는데, 이때 '징크스'도 잘못 사용되었다.

잠깐만 찾아봐도 잘못 쓰는 대선 '징크스'가 상당히 많다.

| 한국에는 '충청 승리=대선 승리' 징크스가 있다. 1987년 직선제 개헌 이후 2017년 19대 대선에 이르기까지 충청권의 선택을 받은 후보는 늘 대통령 당선의 영광을 안았다.
| 이번 대선에서 주목되는 또 다른 징크스로는 '10년 교체설'을 꼽을 수 있다. 김대중·노무현 전 대통령의 진보정권 10년 뒤, 이명박·박근혜 전 대통령의 보수정권 10년이 이어졌다. 문 대통령의 취임과 함께 정권 교체에 성공한 민주당이 이번 대선에서 10년 교체설의 징크스를 이어나갈 수 있을지 관심이 쏠리는 이유다.

이 경우에는 '징크스' 말고 '-론'이나 '-설'을 써야 한다. 즉, '충청 승리=대선 승리론', '10년 교체설'이라고 해야 올바르다.

아르바이트 アルバイト

| 화천군, 여름방학 대학생 아르바이트 모집.
| '중장년 10명 중 6명은 아르바이트 중'… 코로나19 이후 생활고 탓.

　'아르바이트arbeit'란 본래의 직업이 아닌 별도의 수입을 얻기 위해 하는 일로, 단기 혹은 임시로 고용되어 일하는 경제행위를 일컫는다.

　그런데 '아르바이트'는 영미권에서 통하지 않는다. 이 말이 일본식 영어이기 때문이다. 일본어 'アルバイト(아르바이트)'는 우리와 동일한 용법과 의미로 사용된다.

　'아르바이트'는 '노동'이나 '연구'라는 의미의 독일어 'arbeit'에서 온 말이다. 'part-time job' 혹은 'temporary worker'라고 해야 영미권에서 통한다. '학생들의 돈벌이나 부업'이라는 뜻의 경우 미국에서는 'side job'이라고 한다.

위밍업 ウオーミングアップ

'워밍업 warming-up'은 '본래의 일에 앞선 준비 운동'이라는 의미로 사용된다. 주로 연예계나 스포츠 분야에서 많이 쓰인다.

| 전날 창원 NC전을 마치고 경기장에 도착한 두산 선수단은 뜨거운 햇살 아래 <u>워밍업</u>을 시작했다.

그런가 하면 "野 경선버스, 성견발표도 '워밍업'", "'대권 워밍업' 김동연, 대선 깃발 3지대에 꽂나" 등 정치 분야에서도 적잖게 쓰인다. "'고사' 직전 지방공항 국제선, '위드 코로나' 국면서 이륙 워밍업"과 같이 사회 분야에서도 사용된다.

이처럼 '워밍업'은 우리 주변에서 일상적으로 사용된다. 가히 범람 수준이다. 그러나 이 말은 틀린 말이다. 'warm-up'이 올바르다.

우리 주변에서 사용되는 '워밍업'은 주로 명사형이다. 'warming-up'은 예를 들어, 'global warming-up' 즉 '지구 온난화'를 표현하는 경우에 사용될 수 있다.

일본이 자기 식대로 만든 화제영어는 주로 영어 원어를 생략하는 경우가 많다. 그런데 '워밍업'은 거꾸로 불필요한 '~ing'를 붙여 조어한 경우다. 이러한 말은 원어민에게는 일종의 '단어놀이'로 비칠 뿐이다.

레벨업 レベルアップ

| '2021 Level Up 해외취업 프로그램 Season 2' 참여자 20명을 대상으로 ZOOM을 활용해 온라인 오리엔테이션을 진행했다. '2021 Level Up 해외취업 프로그램'은 미국 등 영어권 국가 해외취업을 지원하기 위한 프로그램이다.

'레벨업 level up'이라는 말이 특히 돋보이는 기사다. 그러나 '레벨업'은 일본에서 만들어진 말이다. 정작 영어권에서는 컴퓨터 게임용어로만 특수하게 쓰일 뿐이다.

지식과 문화의 상징인 대학이 일본에서 만들어진 엉터리 영어 '레벨업'을 자랑스럽게 내세우는 모습은 앞뒤가 맞지 않는 장면이 아닐까. 더구나 '레벨업'은 영어권 국가에서 통하지도 않는다. 위 예문에 나오는 "Level Up 해외취업 프로그램"은 무려 미국 등 영어권 국가에 취업하려는 학생들을 지원하기 위한 프로그램이니, 우리 사회의 우스운 단면이 드러나는 한 편의 절묘한 풍자가 아닐 수 없다.

| 한국○○○앤테크놀로지의 사회공헌재단인 한국○○○나눔재단이 지역 기반 로컬기업의 지속가능한 성장을 지원하는 '2021 드림위드 우리마을 레벨업 프로젝트'에 참가하게 될 10개 기업을 최종 선정해 13일 발표했다.

'드림위드 우리 마을 레벨업 프로젝트.' 영어로 가득 찬 사업 명칭이다. 제대로 된 영어는 없다. 수식만 그럴듯하다. '레벨업'도 가운데 자리를 차지했다.

그런가 하면 경제부총리라는 사람도 '레벨업'이란 말을 거침없이 사용한다.

> 홍남기 경제부총리 겸 기획재정부 장관이 최근 경제성장률과 관련해 "우리 성장률이 1분기와 2020년, 2019년 모두 상향조정되면서 트리플 레벨업을 달성했다"고 평가했다.

'레벨업' 용어는 정치 관련 기사에서도 낭연히 그 모습을 드러낸다. 한 언론 기사의 제목은 "野, 오늘 상임위원장 후보자 '지각 선출'…'정책정당 레벨업'"*이다. 과연 야당에서 상임위원장을 선출하기만 하면 정책정당으로 '레벨업'되는 걸까.

연예계 기사에서도 "'사랑의 콜센타' 임영웅, 이젠 춤까지 장착 '춤신춤왕으로 레벨업'"**이란 기사 제목이 검색된다.

'레벨업'이란 말은 넘쳐난다. 정치·경제·대학·연예계를 두루 망라한다. 경제부총리부터 대학본부, 기자까지 모두 사용한다. '레벨업'이라는 말이 범람하는 사회의 '레벨'이 올라갈 수 있을까.

---

* 《뉴스1》, 2021. 8. 18.
** 《티브이데일리》, 2021. 9. 24.

| 한편, 평생학습 관계자 전문연수는 '시민강사 스킬업 교육'을 시작으로, △2차 평생학습 활동가 성장 워크숍 △3차 평생학습 공모 사업&홍보 활동 솔루션 △4차 학습 동아리 활동 레벨업 △5차 장애인 평생교육 활성화 전문연수 순으로 진행될 예정이다.

온통 영어투성이다. 게다가 핵심 용어인 '스킬업 skill up'과 '레벨업' 은 잘못 만들어진 일본식 영어다. 그런데 이런 용어가 난무하는 행사 가 바로 정약용도서관에서 진행된다고 한다. 정약용 선생이 탄식할 수밖에 없는 일이다.

일본식 영어 '스킬업'은 다른 지자체 행사에도 어김없이 보인다.

| 시흥시는 오는 6월 1일부터 6월 6일까지 '청년강사 스킬업 프로그램' 6 월 수강생을 모집한다.

사태는 이 정도에서 그치지 않는다. 아예 한 발 더 나아가 '파워업 power-up', '스케일업 scale-up'이란 말까지 등장한다. 이 말들도 일본식 영어다.

| 고령군(군수 곽용환)은 코로나19 장기화로 침체된 농촌관광을 활성화 하고 전국민에게 힐링체험을 지원하기 위해 8월 1일부터 연말까지 『전

국민 파워업 농촌관광 지원』 사업을 추진한다.

| 나주시는 지난 1일 한전 본사 비전홀에서 전남 나주 강소연구개발특구 기업 '스케일업 Scale-up 협약식'을 개최했다고 2일 밝혔다.

마지막으로 경제부총리가 '화룡점정'을 담당한다. 힘주어 '스킬업', '스케일업'을 강조하고 있다.

| 홍 부총리는 "이번에 역점을 둔 민간주도의 맞춤형 훈련을 통해 청년들이 취·창업의 전쟁터에서 살아남을 수 있도록 스킬업하고 배출된 인재가 IT업계를 포함한 모든 산업의 스케일업을 뒷받침할 수 있기를 기대한다"고 덧붙였다.

한 사회는 동일한 언어를 사용하고 공유함으로써 일종의 정서적 동질감 내지 일체감을 형성한다. 그렇기 때문에 언어가 중요하다. 지금처럼 우리 공공기관이 일본식 영어를 지속적으로 모방하고 사용한다면 국가 정체성 차원에서 문제가 될 수 있다.

엘리트 エリート

'엘리트elite'라는 말 역시 일상생활에서 흔하게 사용된다. 대부분 좋은 의미로, 선망의 대상이라는 느낌을 지닌 용어로 사용된다.

그런데 일본에서 '엘리트'라는 말은 '화제영어'로 분류된다. 영어 'elite'라는 용어는 일반적으로 'the'를 붙여 집단적 의미로 사용된다. 가령 '그는 엘리트다'라는 식의 말은 성립되지 않는다. '그는 엘리트의 일원이다' 혹은 '엘리트에 속한다'처럼 사용할 수 있다.

무엇보다 일본에서 사용되는 '엘리트'라는 말의 의미와 뉘앙스는 영미권의 그것과 상이하다.

일본에서(물론 한국에서도 동일하다) '엘리트'는 '지적 수준이나 교양 있는 고위직 등 상류층'이라는 의미와 뉘앙스를 지닌다(다만, '부자'의 의미는 없다). 반면 영미권에서 'elite'는 보통 '돈과 권력이 많은 특권층'을 의미하는데, 부정적이거나 심지어 폄하나 경멸의 뉘앙스를 띠는 용어로 쓰이는 경향도 있다.

《메리엄웹스터사전》은 'elite'를 "사회에서 가장 많은 부와 지위를 가진 사람들로 가장 성공하거나 영향력 있는 사람들 집단"*이라고 풀이한다.

---

*　the people who have the most wealth and status in a society: the most successful or powerful group of people.

· 베 테 랑 ベテラン

'베테랑veteran'은 라틴어와 프랑스어에서 기원했다. 'old'를 뜻하는 'veter'와 사람을 뜻하는 'an'이 합쳐진 말이다. '베테랑'은 일본을 통해 우리 사회에 들어왔다. 그러면서 그 의미가 원래의 뜻과 다소 다르게 사용된다.

영미권에서 'veteran'은 일반적으로 '퇴역 군인'을 자칭하는 말로 이해된다. 특별히 어느 분야에서 많은 경험을 쌓았다는 식의 부연설명이 없는 한 영미권 사람들은 'veteran'을 '퇴역 군인'이라는 뜻으로 받아들인다.

| 한국경영자총협회는 오는 7월 시행 예정인 개정 노동조합법 등 올해 단
　체교섭에서 예상되는 주요 쟁점을 담은 '2021 단체교섭 체크포인트
　CHECK POINT'를 발간했다고 4일 밝혔다.

　'체크포인트check point'라는 말은 '확인 사항'이나 '검사 항목'이라
는 뜻으로 쓰인다. "정기국회 체크포인트"*, "내 집 마련 체크포인트
'대단지' 노려라"** 등 기사 제목으로 많이 볼 수 있다.
　그런데 이 말도 일본식 영어다. 영어 'check point'는 '검문소'라는
의미일 뿐이다. '확인 사항'이나 '검사 항목'이라는 뜻을 찾아볼 수
없다. 이런 뜻을 영어로 표현하면 'important point' 혹은 'point to
check'이라고 해야 한다.

| 인터넷신문위원회는 '기사 작성 시 꼭 유의해야 할 인터넷신문 윤리강
　령 체크포인트 2021(이하 윤리강령 핸드북)'을 발간했다고 밝혔다.

　기사 작성 시 꼭 유의해야 할 점은 바로 '체크포인트'라는 용어를
쓰지 않는 일이지 않을까.

*　　《조선일보》, 2017. 10. 7.
**　《국토일보》, 2021. 9. 8.

우리 사회에서 '스튜어디스stewardess'는 선망하는 직업이다. 그런데 이 명칭은 차별어다. 이미 전 세계적으로 '스튜어디스'라는 용어를 사용하는 나라가 없다.

1967년 미국의 전직 '스튜어디스' 두 명이 《커피, 티 아니면 저요?Coffee, Tea or Me?》라는 책을 출판했다. 이 책은 '스튜어디스'라는 성차별 명칭을 바꿔야 한다는 여론을 일으켰다.

이러한 주세를 반영해 1980년대부터 미국에서는 남녀 승무원을 별도로 '스튜어디스'와 '스튜어드'라고 지칭하는 용어를 대신해 성별을 드러내지 않는 'flight attendant'라고 칭했다. 이 명칭이 국제적으로 보편화됐다.

한편, 일본은 국제적으로 '스튜어디스'의 명칭이 바뀌자 그 추세에 따랐다. 그런데 국제 표준용어인 'flight attendant'를 쓰지 않고 일본 '특유의 습관'대로 일본식 영어를 만들었다. '객실'이라는 영어 'cabin'과 'attendant'를 합친 'cabin attendant'라는 명칭이 출현했다. 또 항상 그래왔듯이 앞글자만 따 'CA'란 말을 많이 사용한다.

아무튼, '스튜어디스'라는 차별 명칭은 세계에서 유일하게 우리나라에만 여전히 통용되고 있다.

현재 '항공승무원'을 뜻하는 명칭은 'flight attendant'와 더불어, 'crew'라는 용어를 사용해 'cabin crew'라는 명칭을 국제적으로 쓰고 있다.

| 다양한 여가생활과 숲·공원의 쾌적함까지 즐길 수 있는 공간에 대한 니
즈도 커졌다.

'니즈needs'라는 말은 의외로 많이 쓰인다. 이 말도 일본식 영어다.
이렇게 간단한 말조차 굳이 영어를 사용하는 것도 문제지만, 정확하
게 사용하지 않아 더 큰 문제다.

"'아' 다르고 '어' 다르다"는 말이 있다. 그만큼 언어에는 미묘한
뉘앙스 차이가 존재한다. 그 나라에서 태어나고 성장해야 비로소 그
나라의 언어 사용에 문제가 없다. 외국어를 정확하게 구사하기 어려
운 까닭이다.

일본식 영어 '니즈'는 주로 '소비자나 주민의 요구 혹은 수요'라는
뜻으로 사용된다. 그러나 영어 'needs'는 '긴급한 필요나 이유' 혹은
'의무', '필요한 것', '곤란한 상황' 그리고 '빈곤'이나 '궁핍' 등의
뜻으로 '절박한' 뉘앙스를 풍기는 용어다. 따라서 일본식 영어 '니
즈'는 영어로 말하면 'demand'에 가깝다.

사실 '니즈'와 유사한 뜻의 영어가 많다. 그런데 뉘앙스가 미묘하
게 다르다. '필요조건'의 경우에는 'requirement'가 부합한다. '바라
는 마음'이 매우 강할 때는 'desire', 그보다 약할 때는 'want'(심리적
욕구나 신체적 필요)나 'wish'(소망이나 요청)를 사용한다.

영어를 사용하지 않는 외국인 입장에서는 이 유사한 말들의 의미

를 분간하기란 대단히 어렵다. 일본식 영어 '니즈'는 이 차이를 무시하고 무조건 '니즈' 하나만 '남발'하는 셈이다.

일본 사람들은 일상 대화에서 '영어'를 굉장히 많이 섞어 쓴다. 그러면서 스스로 '명예 백인'이 되고 싶어 하는 분위기가 존재한다. 하지만 '그들의 영어'는 많은 경우에 자기들이 잘못 만들어낸 틀린 영어, 즉 화제영어다. 영어가 아니라 일본어인 것이다.

더 부끄러운 것은 바로 우리 모습이다. 왜 우리는 그런 언어를 좇아 틀리게 쓰고 말할까.

샐러리맨 サラリーマン

| 이명박이 모든 '샐러리맨'에게 남긴 교훈.
| 회사를, 나라를, '내 것처럼' 여기지 않고 '내 것'으로 여긴 샐러리맨의
  최후.

흔히 콩글리시로 오해받는 '샐러리맨 salaryman'이라는 말도 일본식 영어 'サラリーマン(샐러리맨)'에서 왔다. '급여'를 의미하는 'salary'와 'man'을 편의적으로 합성해 만든 용어다.

'샐러리맨'이라는 용어는 영어 사전에도 등재돼 있다. 그러나 그 뜻풀이를 뜯어보면 씁쓸한 기분이 든다.

《케임브리지사전》은 'salaryman'을 "매일 매우 긴 시간 일하는 일본의 비즈니스맨"*으로 풀이한다. 《맥밀런사전 MacMillan Dictionary》은 "샐러리맨: 일본에서 사무실에 근무하면서 급료를 받는 사람"**이라 설명한다.

모두 일본에서 특수하게 사용되며, 오랜 시간 동안 일한다는 내용이 명시됐다.

일본식 영어, 화제영어는 영어가 아니다. 영어에서 힌트를 얻어 만든 '일본어'일 뿐이다.

* a Japanese businessman who works very long hours everyday.
** salaryman: a man in Japan who works in an office and is paid a salary.

세일즈맨 セールスマン

| 현장을 직접 뛰어다니며 해결하는 <u>세일즈맨</u> 전문 경영인.

'세일즈맨salesman'이라는 말은 우리에게 퍽 익숙한 용어다. '세일즈맨'이란 일반적으로 '고객들을 직접 방문하여 물건이나 상품을 판매하는 사람'이라는 의미로 사용된다.

'세일즈맨'은 영어로 'salesman'이다. 그런데 영미권에서 이 말은 우리와 약간 다르게 사용된다. '방문해서 판매하는 사람'만이 아니라 '가게에서 판매하는 점원' 그리고 '전화를 통해 판매하는 사람'까지 포함한다.

'salesperson'도 같은 의미로 쓰인다. 방문해서 판매하는 경우에는 'sales representative'도 함께 사용되고, 점원의 경우 'sales clerk'나 'shop assistant'라는 용어가 함께 사용된다.

'세일즈맨'도 일본어 'セールスマン(세일즈맨)'을 그대로 들여와 사용하고 있는 말이다.

· 콤비 コンビ

'콤비combi' 역시 일본식 영어로 '파트너partner'가 바른 표현이다.

· 네고 ネゴ

'네고nego'라는 말도 주변에서 이따금 들을 수 있다. 흔히 이 말은 물건을 사고팔 때 가격이나 품질을 의논·협상하는 것을 의미한다.

　그런데 '네고'는 일본어 'ネゴ(네고)'에서 온 일본식 영어다. 영어 'negotiation'을 일본에서 자기식대로 줄여 쓴 말이다. 당연히 영어 'negotiation'을 'nego'로 줄여 쓸 수 없다. 'nego'는 영미권에서 통용되지도 않는다.

세일즈맨 セールスマン

리 포 트 レポート

| 이번 시험은 <u>리포트</u>로 대체합니다.

'리포트report'는 특히 대학에서 학생들이 교수에게 제출하는 과제물을 말할 때 많이 쓰인다.

영어 'report'는 '공식적인 보고서'나 '조사 기록' 등을 가리키는 용어다. 대학 등 각급 학교에서 학생들이 제출하는 '리포트'의 의미와 정확하게 일치하지는 않는다.

학생들이 학기 말에 제출하는 '리포트'는 일반적으로 'term paper'라는 표현이 적합하다. 학기 말이 아닌 '리포트'는 단순히 'paper' 정도가 사용된다.

좀 더 세밀하게 살펴본다면, 학생들이 제출하는 '리포트'라는 용어 대신 '에세이essay'라는 말이 더 정확해 보인다. 《메리엄웹스터사전》은 'essay'를 "어떤 주제에 관한 생각이나 의견을 표현하는 짧은 글"*이라고 풀이한다.

이에 비해 《메리엄웹스터사전》은 명사 'report'를 "일반적으로 조사를 수행하도록 위임되거나 권한이 부여된 개인이나 그룹이 제공한

---

*   a short piece of writing that tells a person's thoughts or opinions about a subject.

조사 결과에 대한 공식 설명"*이라고 풀이한다.

일본에서도 우리와 동일하게 'レポート(리포트)'를 사용한다.

| 국어 수업에서 언어에 관한 리포트를 쓰고 있다.

国語の授業で言葉についてのレポートを書いてます

| 대학의 리포트는 크게 논고형, 자유기술형, 시험·실험형의 세 종류로 나

누는 것이 가능하다.

大学のレポートは, 大きく「論考型」「自由記述型」「試験·実験型」の3種類に

分けることができます.

---

*   a usually formal account of the results of an investigation given by a person
or group delegated or authorized to make the investigation.

비즈니스호텔 ビジネスホテル

　어느 기사의 제목이다. '비즈니스호텔business hotel'은 '업무차 출장온 사업가나 직장인을 대상으로 하는 호텔'을 가리킨다. 일반적으로 특1급 이하의 비교적 저렴한 객실을 갖춘 호텔을 뜻하는 용어로 사용된다.

　그런데 우리는 '비즈니스호텔'이라는 말을 완전히 거꾸로 사용하고 있다. 완전히 정반대다. '비즈니스호텔'은 부유층이 이용하는 특급 호텔이고 값비싼 호텔이기 때문이다.

　'비즈니스호텔'이라는 용어도 일본식 영어다. 일본에서 '비즈니스호텔'이라는 말은 "숙박비를 줄이기 위해 비즈니스호텔에 묶고 있습니다"*처럼 흔하게 사용된다.

　일본식 영어인 '비즈니스호텔'에 부합하는 영어 표현은 'economy hotel'이나 'budget hotel' 혹은 'no-frills hotel'이다.

　사실 '비즈니스호텔'이라는 말은 '비즈니스맨'이라는 말과 연결되어 있다. '비즈니스맨'은 우리 사회에서 대체로 '회사원'이라는 뜻으로 사용된다.

　하지만 영미권에서 'businessman'은 CEO나 기업의 임원 등 상층

---

*　宿泊費を抑えたくてビジネスホテルに泊まっているんです.

의 경영진과 기업가 혹은 사업가를 지칭한다. 《메리엄웹스터사전》은 'Businessman'을 "비즈니스의 특별히 높은 지위에서 일하는 사람"* 으로 풀이한다.

'비즈니스business'라는 말이 보통 수준 이상을 의미한다는 점은, 비행기에서 비즈니스 좌석이 이코노미 좌석보다 비싼 데에서도 분명 드러난다.

일본에서 'ビジネスマン(비즈니스맨)'이 잘못 사용되는 현상을 지적하는 글을 보자.

| 영어 비즈니스맨은 기업가나 경영자를 의미한다. 일반 은행원을 banker 라고 말하지 않는 것처럼, 일반 회사원도 businessman이라고 말하지 않는다.

英語でビジネスマンとは, 企業家, 経営者を意味します. 普通の銀行員のことを bankerとは言わないように, 普通の会社員のこともbusinessmanとは言わないのです.

---

*   a man who works in business especially in a high position.

       비즈니스호텔 ビジネスホテル

실버 シルバ

'실버 silver'라는 말은 '고령층' 혹은 '노인층'을 비유하는 수식어다. '실버타운', '실버산업' 등에서 볼 수 있듯 우리 사회에서 많이 사용된다. 특히 공공기관에서 노인 복지를 표현하는 상용어로 자리 잡은 듯하다.

'실버'라는 말은 영미권에서는 통하지 않는다. 일본이 만든 일본식 영어이기 때문이다.

일본에서 'シルバ(실버)'라는 말은 철도 좌석에 고령층·노인층을 위한 'シルバーシート(실버 시트)'를 만들면서 시작됐다. 그 뒤 일본에서는 '실버 에이지', '실버 세대', '실버 인재센터', '실버 비즈니스' 등 용어가 계속 만들어지더니, '실버 요금', '실버 산업', '실버 하우징'이라는 용어도 나왔다.* 심지어 'シルバーパワー(실버 파워)'와 'シルバーデモクラシ(실버 민주주의)'**라는 용어까지 등장했다.

영어 'silver'는 '은銀'이라는 뜻으로 고급 또는 고급품 느낌을 주는 단어로 노인과는 관련이 없다. 영어에서 고령층을 카리키는 말은 'senior citizen(s)', 약칭으로는 'senior(s)'로 표현한다.

---

* シルバーエイジ, シルバー世代, シルバー人材センター, シルバービジネス, シルバー料金, シルバー産業, シルバーハウジング.

** 유권자 가운데 비율이 높아지는 고령층을 위한 시책이 우선되는 정치.

모르모트 モルモット

'실험실의 모르모트'라든가 '내가 모르모트냐!'라는 말을 한두 번쯤 들어봤을 것이다. 정작 '모르모트marmot'가 어떤 동물인지 아는 사람은 별로 없지만.

1800년대 일본에 상륙한 네덜란드 상인이 실험용 쥐를 보고는 유럽에 서식하는 'marmot'이라고 착각해 '마멋'이라고 불렀다. 이것이 일본에서 'モルモット(모르모트)'로 통용되면서 '모르모트'라는 정체불명의 명칭이 생겼다.

'모르모트'는 정확하게는 '기니피그guinea pig'다. '기니피그'가 한때 실험용 동물로 사용된 적이 있지만, '실험용 동물의 대명사'로 통하지는 않는다. '모르모트'라는 말은 '기니피그'에, 아니 모든 동물에 써서는 안 될 말이다.

원포인트 ワンポイント

| 야당은 국가 안보 위기를 거론하며 <u>원포인트</u> 안보 국회 개최와 외교·안
  보 라인 교체 등을 요구하고 있다.
| 여야가 '<u>원포인트</u> 본회의'를 둘러싸고 갈등을 벌이고 있다

　'원포인트one-point'는 '원포인트 회담'이나 '원포인트 국회'처럼 정
치권에서 즐겨 사용하는 말이다. '중요하다고 생각되는 의제를 시급
하게 해결하기 위해 임시로 한 차례 하는'이라는 뜻이다. 이밖에도
'원포인트 개각'이나 '원포인트 레슨', '원포인트 메이크업' 등으로
도 쓰인다.

　'원포인트'는 일본의 사전에 화제영어로 분류되는 일본식 영어다.
'원포인트'의 영어 'one-point'에는 우리가 사용하는 뜻이 없다. 오
직 운동 경기에서 '1점을 얻다'의 '1점'이라는 뜻, 혹은 '하나의 점'
정도로 억지 해석될 수 있을 뿐이다.

· 원포인트 릴리프 ワン・ポイント・リリーフ

　야구 경기에는 '원포인트 릴리프one-point relief'란 용어가 있다. '한
타자만 상대하기 위해 나오는 투수'라는 뜻이다. 이 말 역시 잘못 쓰
이는 일본식 용어다. 'one-out reliever', 'spot reliever', 'short relief'
가 정확한 표현이다.

글로벌 스탠더드 グローバルスタンダード

언제부터인가 '글로벌 스탠더드global standard'라는 말이 흔하게 들린다. '글로벌 스탠더드'란 '세계 시장에서 기준으로 통용되는 규범'을 뜻한다.

1990년대 말, 일본 버블붕괴 시기에 일본 재계인사들이 이 말을 쓰기 시작했다. 세계 표준에 적응해 관료지배 구조나 연공서열 기업 시스템으로 대표되는 일본 사회의 약점을 극복하자는 취지였다. '세계 표준'을 명분으로 내세웠지만 사실상 미국의 기업 경영이나 비즈니스 방식 등을 기준 모델로 삼아야 한다는 시각이 강했다.

영미권에는 'global standard'라는 용어가 없다. 이 말과 부합하는 개념도 존재하지 않는다. 굳이 유사한 경우를 찾아보자면, ISO(국제표준화기구)를 비롯해 IT 등의 과학기술과 공업 규격 그리고 회계기준 등에서 쓰이는 '국제표준규격' 정도가 있겠다.

일본에서 'グローバルスタンダード(글로벌 스탠더드)'라는 용어는 "글로벌 스탠더드한 시각을 갖추지 않으면, 해외 진출은 성공할 수 없다"*라든가 "일본의 공업제품은 글로벌 스탠더드를 넘어서고 있다"**와 같이 쓰인다.

---

* グローバルスタンダードな視点を持っていないと，海外進出は成功させられない.

** 日本の工業製品は，グローバルスタンダードを超えている.

네임밸류 ネームバリュー

| 국내에서는 '삼성'의 <u>네임밸류</u>가 소비자 인지도에 긍정적인 영향을 미
  쳐왔던 터라 …
| 아마존이라는 <u>네임밸류</u>에 멤버십을 통한 …

'네임밸류name value'는 'name'과 'value'를 합쳐 '지명도'나 '유명
세'의 의미로 쓰이는 말이다. 이 말 역시 일본식 영어다.

'이름이 세상에 알려진 정도'에는 'established reputation', 'name
recognition'이 올바른 표현이다. 'fame'도 유사한 의미를 지니는 단
어다. 기업에 사용할 때는 'brand value'를 사용한다.

영어 'name'에는 본래부터 '명성'이나 '평판'이라는 의미가 내포
되어 있다. 구태여 뒤에 'value'가 붙지 않아도 통할 말에 사족을 단
꼴이다.

· 뉴스밸류 ニュースバリュー

'뉴스밸류news value'란 말도 있는데, 이 역시 잘못된 일본식 영어다.
'newsworthiness'라고 해야 한다.

굿즈 グッズ

'여행 굿즈', '캐릭터 굿즈' 등 '굿즈'는 어느새 매우 익숙한 말이 됐다. 그런데 우리가 매일 쓰는 '굿즈goods'는 일본식 영어다

'굿즈'는 물론 영어 'goods'에서 왔다. 그러나 정작 영어 'goods'는 'goods and services(유형 상품과 재화)', 'consumer goods(소비재)'와 같이 딱딱한 경제 용어로 일상에서는 거의 사용되지 않는다. 특히 'goods'는 '집합적 물품'을 의미해 개별 상품에 사용할 수 없다.

영미권에서 '캐릭터 굿즈charater goods'라는 식의 말은 통하지 않는다. 대신 딱딱한 인상을 주지 않는 'item(s)'이라는 단어가 쓰인다. 혹은 'novelty'나 'merchandise'도 사용된다. 'merchandise'의 경우 'character-themed merchandise'라고 해야 보다 정확하다.

또 '여행 굿즈'는 'travel accessories', '수면용 굿즈'는 'sleep accessories' 등 'accessory'라는 말도 쓰인다. 이 경우 'accessory'는 목걸이 등 '장신구'라는 '일본식 영어'의 의미가 아니라 '편리한 물건'이라는 본래 의미다.

. 리스트업 リストアップ

'리스트업listup'이란 말도 사용되는데, 'up' 없이 'list'만으로 이미 충분하다. '리스트업'도 일본식 영어인데, 일본인들은 'up'을 너무 좋아해 아무 곳에나 붙이는 듯하다.

페이퍼컴퍼니 ペーパーカンパニー

  방영하는 동안 커다란 화제를 불러모은 드라마 〈펜트하우스〉에서 윤주희는 '페이퍼컴퍼니' 대표였다.

  '페이퍼컴퍼니 paper company'는 서류상에만 존재하는 명목상의 회사, 즉 '유령회사'라는 의미다. 이 말은 언젠가부터 마치 우리 사회의 공식 용어인 듯 자연스럽게 자리 잡았다.

  '페이퍼컴퍼니'는 일본식 영어다. 'paper company'를 굳이 번역한다면 그냥 종이를 만드는 '제지회사'일 뿐이다.

. 마이너스 성장 マイナス成長

  '마이너스 성장 minus 成長'이란 말도 많이 사용된다. 그러나 '마이너스 성장'이란 말은 애초부터 성립되지 않는 말이다. 이 말 역시 일본식 영어다. 'negative growth'가 올바른 영어 표현이다.

. 인프라 インフラ

  '사회 기간시설'이라는 뜻으로 사용하고 있는 '인프라 infra' 역시 마찬가지로 일본식 영어다. 영어 'infrastructure'의 앞부분 'infra'만 떼어내 만든 조어다. 'infra'는 굳이 그 뜻을 얘기한다면 '아래의', '하부의'라는 의미밖에 없다.

찾아보기 (가나다 목차)